U0936739

珍藏本·增订本

纪念版

汉译世界学术名著丛书

晨时或论神之存在的演讲

〔德〕摩西·门德尔松 著

刘伟冬 李红燕 译

商务印书馆
The Commercial Press
SINCE 1897

Moses Mendelssohn

MORGENSTUNDEN ODER VORLESUNGEN UEBER DAS DASEIN GOTTES

根据 Felix Meiner-Verlag，Hamburg，2008 年版译出

汉译世界学术名著丛书
（120年纪念版·珍藏本）
增订本出版说明

2017年10月，为纪念商务印书馆创立120周年，本馆推出“汉译世界学术名著丛书”（120年纪念版·珍藏本），计七百种。近五六年来，仰赖学界同人倾力支持，订正旧译，增补新译，拓展新著，积累日多。为满足读者需要，本馆在七百种的基础上，继续推出“汉译世界学术名著丛书”（120年纪念版·珍藏本·增订本）三百种。至此，“汉译世界学术名著丛书”累计出版已达千种。

今后，本馆将继续推进丛书的翻译出版工作，在积累单本名著的基础上陆续分辑刊行，汇印出版。为促进中外文明互鉴、推动我国学术发展，使“汉译世界学术名著丛书”这项对我国学术文化有基本建设意义的重大工程发挥更大作用，诚望海内外学术界、翻译界继续给予支持，帮助我们把这套丛书出得更好。

商务印书馆编辑部

2024年2月

汉译世界学术名著丛书
（120 年纪念版·珍藏本）
出 版 说 明

2017 年 2 月 11 日，商务印书馆迎来 120 岁的生日。120 年前，商务印书馆前贤怀揣文化救国的理想，抱持“昌明教育，开启民智”的使命，立足本土，放眼寰宇，以出版为津梁，沟通中西，为中国、为世界提供最富智慧的思想文化成果。无论世事白云苍狗，潮流左右激荡，甚至战火硝烟弥漫，始终践行学术报国之志，无改初心。

迻译世界各国学术名著，即其一端。早在 20 世纪初年便出版《原富》《天演论》等影响至今的代表性著作，1950 年代后更致力于外国哲学和社会科学经典的译介，及至 1980 年代，辑为“汉译世界学术名著丛书”，汇涓为流，蔚为大观。丛书自 1981 年开始出版，历时三十余年，迄今已推出七百种，是我国现代出版史上规模最大、最为重要的学术翻译工程。

丛书所选之书，立场观点不囿于一派，学科领域不限于一门，皆为文明开启以来，各时代、各国家、各民族的思想与文化精粹，代表着人类已经到达过的精神境界。丛书系统译介世界学术经典，引领时代思想，为本土原创学术的发展提供丰富的文化滋养，为推动中国现代学术和现代化进程做出了突出的贡献。

为纪念商务印书馆成立120周年，我们整体推出“汉译世界学术名著丛书”120年纪念版的珍藏本，寄望既利于文化积累，又便于研读查考，同时向长期支持丛书出版的译者、编者和读者致以敬意。

两甲子后的今天，商务印书馆又站在了一个新的历史时间节点上。我们不仅要铭记先辈的身影和足迹，更须让我们的步伐充满新的时代精神。这是商务人代代相传的事业，更是与国家和民族的命运始终紧密相连的事业。我们责无旁贷，必须做好我们这代人的传承与创造，让我们的努力和成果不仅凝聚成民族文化的记忆，还能成为后来人可以接续的事业。唯此，才能不负前贤，无愧来者。

商务印书馆编辑部

2017年10月

译　序

摩西·门德尔松（Moses Mendelssohn，1729—1786）是德国启蒙运动的代表人物，在当时被誉为“德国的苏格拉底”，主要著作有《斐多：论灵魂不死》《耶路撒冷》等。门德尔松是犹太哲人，一直奉行自由、平等、宗教宽容等信念，努力推动犹太教适应欧洲的文化与教育。人们往往通过康德的“谬误推理”获知门德尔松，仿佛他只是康德哲学的一个点缀，在哲学史上并不重要。需要指出的是，这并不公正：首先，门德尔松作为莱布尼茨-沃尔夫学派最后一个代表人物，继承和发展了该学派的思想；其次，他的启蒙思想完全可以和康德相媲美；而他的美学思想则是德国美学从鲍姆嘉登迈向康德、席勒的一个重要环节；[①]最为重要的是，门德尔松为调和犹太教与基督教做出了巨大贡献。

《晨时或论神之存在的演讲》（下文简称《晨时》）出版于1785年夏天，是门德尔松公开出版的最后一部著作。他在晨时与几位天资聪颖的后生一起探讨自然宗教的真理，致力于为神之存在提供证明。在此之前，同时代的德国浪漫主义哲学家弗

① 参见：Frederick C. Beiser, *The Fate of Reason—German Philosophy from Kant to Fichte*, Harvard University Press, 1987, p.107.

里德里希·海因里希·耶可比通过与莱辛对话发现莱辛是一个斯宾诺莎主义者，但耶可比没有立即将此事公之于众，而是在莱辛死后才告知门德尔松。莱辛是德国启蒙运动的旗帜人物，门德尔松一直将莱辛视为自己最亲密的友人。在当时的德国称一个人是斯宾诺莎主义者，意味着这个人是无神论者，耶可比的言论显然刺痛了门德尔松。门德尔松面对“侮辱”，也为了维护启蒙哲学，不得不出面回应。于是德国著名的“泛神论之争”爆发了。《晨时》是德国泛神论之争的一部关键著作，它并非门德尔松对自身思想的简单总结，而是关系到真理的标准、泛神论是否意味着无神论等认识论和形而上学的问题。

门德尔松将理性视为评判真理的最终标准。他作为莱布尼茨与沃尔夫体系的继承者支持如下观点，即一切判断在根本上来说都处在同一律之下，因此判断的最终标准依赖于矛盾律，也就是说任何与主词矛盾的谓词都不应该归于主词。[①]按照这种观点，一切知识都先天地蕴含于理性的先天原则之中，只要我们把握了先天原则，一切真理就可以不借助于任何经验先天地分析出来。值得注意的是，门德尔松在《晨时》中没有完全否定经验的作用，但是经验只有助于我们形成个别的、偶然的命题，或者带有一定普遍性的不完全归纳命题，就是说经验对形成知识具有一些推动作用。显然，门德尔松在一定程度上对康德先验观念论做了妥协。然而，经验仅仅起引导作用，理性的先验原则

① 参见Frederick C. Beiser, *The Fate of Reason—German Philosophy from Kant to Fichte*, Harvard University Press, 1987, p.95.

依旧是我们一切知识的根本。

《晨时》的另一个目的是维护莱辛的信仰。门德尔松认为莱辛信仰纯化的泛神论。这种泛神论主张神只能通过两种方式思维自身,要么同时思维他所有的完满,将自身视作这些完满的总括;要么将他的完满分开思维,这些完满彼此独立,各自根据程度与自身相区分。通过分开思维,造物分有神的完满。既然神的造物是神的思想,并且神所有的造物构成了世界,那么人自身以及周围的世界不过是上帝的思想,而且神通过独立思维自身的完满将自身与有限之物分离,不受它们限制。显然纯化的泛神论主张无限者离开有限之物仍然可思维、存在,但有限的存在之物不能摆脱无限的存在者而存在。因此,有限者必然依赖于无限者,否则不能存在,但是无限者却可以不依赖于有限之物。这样,神从有限之物以及作为有限之物整体的自然中分离出来,可以存在于万物之外,同时也赋予外在于神的世界以思想性。门德尔松就此指出:莱辛一方面认为神存在于世界之外,另一方面否认一个外在于神的世界,在一定程度上神是一个无限的自我。可见,在莱辛信仰的纯化的泛神论看来,一切事物仅仅存在于神的无限理智中,仅仅作为上帝理念的对象存在着,万物是神的造物,但万物的总括不是神。值得注意的是,纯化的泛神论不能等同于自然神论。自然神论认为上帝创造世界,赋予世界存在的法则,自此世界获得了在神之外的独立性。而纯化的泛神论则否认这种观点,它不否认神的自主决断,在它看来神有思想而无广延,是纯粹精神性的存在者,另一方面强调造物内在于神。由以上论述来看,虽然纯化的泛神论承认万物皆在神之

中，但回避了斯宾诺莎哲学中神有广延的思想，也回应了神受造物束缚的指责。

最后，门德尔松尝试维护本体论证明，因为它关涉到理性的权威。门德尔松认为我们有两类概念，即有限存在者的概念与无限存在者的概念。有限之物的概念必然可思维，它可以拥有理想的实存，而不必拥有现实的实存。例如纯金是真概念，它可以被理性思维，却不在现实中存在。然而，无限者或者完满的存在者作为一个真概念必然实存，否则与完满者这个概念相矛盾，就是说只要承认完满者这个概念就必然承认它的实存。在门德尔松看来，实存这一属性必然属于完满的存在者，而不必然属于有限的存在者。完满的存在者的现实与有限之物的现实不同，有人寄希望通过经验证实上帝的现实性，这涉嫌将无限之物降低为有限的存在者。在门德尔松看来，完满、无限的存在者只有通过更高层次的理智才能被把握。总而言之，理性可以思维完满的、无限的存在者这个概念，它是一个真概念，并且必然现实存在。

这部《晨时或论神之存在的演讲》的翻译依据的是费力克斯·迈纳出版社2008年版（Felix Meiner-Verlag, Hamburg，2008），此外还参考了达尔斯多姆与戴克的英译本（*Morning Hours: Lectures on God's Existence*, Trans. Daniel O. Dahlstrom and Corey Dyck, Springer，2011）。

此书出版离不开洪汉鼎先生和关群德老师的大力支持，在此一并致谢。

门德尔松是莱布尼茨-沃尔夫学派的代表人物，其哲学的重要性可想而知。然而译者哲学与语言水平有限,唯愿文辞达意,如若殚精竭虑仍然未能避免疏漏与错误的出现,还请读者见谅并予以指正,以便完善译本。

译　者

2022年3月于哈尔滨

目　　录

前　　言

1

下述这篇文章《论神之存在》[①]，涵盖了我近期关于这一重
要研究对象的全部所思所想。在长达12到15年的时间里，我 91
发现自己完全无法推动这项研究。在此期间我还罹患了一种神经系统疾病，以至于无力从事任何脑力劳作，而且让医生倍感困惑的是，了解他人的思想甚至远比我自身的沉思更加令我神伤。因此，我只能从我的友人不充分的报告以及不太有启发性的学术评论中，去获知那些当时已然在形而上学领域脱颖而出的伟人之作，譬如兰伯特、特腾斯、博纳甚至是备受打压的康德的作品。这样，于我而言，现如今这一知识大约还停留在1775年，因为我被迫与之疏远的时间也恰好那么久。诚然，在更好的时代，这一知识曾是我最为忠诚的伴侣，是一切世态丑恶中的唯一慰藉，而现在，我每踏上一条路都不得不躲开她，好像是她的死敌一样。或者，甚至更艰难的是，我不得不这样躲避，如同一个沾染污点被她亲自下驱逐令的朋友。而我却没有足够的自制力听从她的命令。一次又一次地，暗中的违规接连发生，尽管我没有一次不心怀愧疚，予以补偿。

① 即《晨时或论神之存在的演讲》。——中译者注

同时，我的儿子J已经长大，并显现出了良好的性情，于是尽
92 早引领他进入神的理性知识，便成为了我的责任。起初我让他随自己的兴趣阅读，并汇总想法。我认为，研究哲学的情况，和学习语言的情况一样，都必须始于使用，并终于规则。如果其应用没有持续不断地同步发展，形式的研究就将显得既无用又无趣。但是若没有获取有用的材料，同步发展又将如何可能？所以我就让他先搜集问题的各个方面，而现在是时候赋予问题以形式与规则，并向他提供一种必要指导，教他如何就这一重要问题进行有条不紊的反思。

鉴于这一目的，我决意将一天当中清新怡人的少许时辰即**晨时**，献于他。我很欣慰，我的女婿S，还有与我友好往来数年的另一家庭的儿子W，也想加入我们的活动。这三个年轻人，全都天资超然，心地善良，他们一同在晨时与我会面。我们互相讨论自然宗教的真理，如果我当时兴致大发，我还会向他们讲解这些真理的一两点，但是正如人们轻易想到的那样，这些没有任何学院的束缚。他们可以自由地打断我，提出异议，并对后者进行解答。我偶尔会中断演讲，以便他们自己争辩。这些论文正是以这种方式成稿，我特此将其中的第一部分公之于众。

我知道我的哲学并不是这个时代的哲学。我的哲学仍然流露出太多我受教的学派的气息，这一学派企图主宰前半世纪，这或许实在太过于趾高气扬了。任何一种专制主义都将引发反抗。对这一学派的推崇自此一落千丈，思辨哲学也随着这一学派的
93 衰败一起跌下神坛。最近，德国的才俊谈起一切思辨都嗤之以鼻。人们渴求事实，仅仅依附感官的证据，搜集所见，堆积经历

和实验，这或许太过极端而无视普遍原则了。最终思维如此习惯于触摸和注视，以至于它所判定为现实的，仅仅是那些允许自身被这种方式对待的东西。因此，唯物主义现如今很可能形成席卷态势，而对这一唯物主义的拥护，换一角度来说，渴望观察和触摸那些就其本性而言无法发生在我们感官之上的东西，实则是对**狂热主义**的拥护。

每个人都在自我忏悔，承认邪恶会迅速形成恶习，承认是时候推车轮一把，将通过事物的循环沉压在我们脚下太久的东西浮上来。但是我太清楚我自己的弱点了，以至于甚至不敢有实现这样一个猛烈的、全局的变革的念想。这项伟业兴许该留给更为卓越的头脑，留给康德那样的人才具有的彻底性，像康德那样的人才有希望以一种与他颠覆时一致的精神将其再度构建。我想把被我断定为真的事物罗列成一张清单，并将之留予我的友人和后辈们，单是这有限的愿望就已经使我心满意足。宣扬这篇文章，我还出于一个特别的动机，在接下来的一个部分我将有机会吐露这个动机。我现在还不能确定这一部分要在多久之后出现。它主要依赖于公众对第一部分的接受度。

第一部分 94

真理、幻象与谬误之初步知识

第一章　何为真理

当我们前去寻觅真理，亲爱的，我们就假设了真理可以在某处寻得，而且存在鲜明的特征将真理与非真理相区分。那么，在出发之前，我们必须回答这些问题：（1）何为真理？（2）我们凭借什么特征辨认出真理并将它与幻象、谬误区分开来？

只言说自身所思所想的人，才能道出真理。言说的真理，因此是语词和思维之间的一致，是符号和符号所表征之物之间的一致。因为我们的思想在一定程度上与对象相关联，正如符号与被其表征的事物相关联，有些人就想将这一定义普遍化，并且将真理的本质置于语词、概念和事物之间的一致之中。他们宣称，所有可能的和现实的事物就好比是原型，我们的概念与思想好比是描述，而语词则像是思想的轮廓。如果描述完全符合那些归于范本的东西，轮廓准确地指示那些内含于描述的东西，那么三者之间就存在最完全的一致，我们将此称作真理。

即使这一定义并非谬误，它似乎仍未取得丰硕的成果。如果真理是一致，那么非真理就是分歧。因此，我们思想中的非真理是思想自身之间的分裂，或者是思想与其原型，也就是与它们所归于的对象的分裂。现在没有任何方法能比较思想与其对象，也就是说，没有任何方法比较副本与原型。在我们面前的仅

仅是副本，而且我们仅仅只能通过它们对其原型做出判断。谁告知过我们这些副本是否可靠，它们是否完全符合那些实际归
95 于原型的东西，它们效仿的原型是否俯拾即是？由此可见，至少从这一角度得不出任何用来辨识真理或区分真理与非真理的特征：让我们尝试另一条途径。

在提及真理时，我们可以让这个问题停留在现有的定义上。比较语词与思想，并探查二者之间的偏差确实是在我们的掌控范围内。各种思想能从两个不同的角度被考察。它们不是关乎**可思维的**与**不可思维的**，就是关乎**现实的**与**非现实的**。那么首先，我们在可思维与否的范围内考量思想。这些可再次分解为：(1）概念（2）判断（3）推论。概念在包含不会互相取消（aufheben）因而可被同时思维的特征时为真。圆的概念为真，因为赋予给它的特征彼此没有矛盾。那么同样地，譬如，疑虑的概念为真，因为有限的存在者会缺乏断定一个命题为真的必要理由，而不会缺乏否定其为真的必要理由。“正义”的概念，确切地说，“最完满的正义”的概念为真，只要其中所有交集在一起的特征并不彼此取消，因而可被同时思维。然而“最大的速度”的概念为假，因为最大的空间与最小的时间，分离开来或结合起来都无法被思维。“最高的非正义”的概念，“绝对的深度或高度”的概念，“欲望作为恶的恶”的概念，诸如此类，都为假，因为我们可以看出，在这些语词当中，那些在概念之中彼此矛盾因而无法被整体思维的特征被糅合在了一起。

在判断中，包含于主词的整个概念内的诸特征，只是通过主词分别得到了断定。如果判断断定的只是处于主词诸概念之中

的特征，那么，该判断为真。因此，判断之中的真理，正如概念之 96
中的真理，能被置于诸特征的一致之下，这些特征在一个概念中被整体思考，并且分别通过它得到断定。

所有理性的推断都基于对概念的正确分析。有人可以借一棵树的形象，向自己展示整个人类知识。树冠集结于树叶，树叶交汇于侧枝，侧枝融合于主枝，最终主枝在树干会聚。他可能会设想树干的纤维蔓布到所有主枝、侧枝以及树叶，正如主枝和侧枝的纤维蔓布到它们所有的分叉，但低一层级的分叉所具有的纤维，并不为该分叉的源头所具有；如此一来，他将获得一幅概念之间恰如其分的亲缘关系图。所有个别事物交汇于不同的类别，类别交汇于种属，种属交汇于等级，而等级最终统一于单个主干概念，这一主干概念的特征贯穿其余的一切。那些从更高层级的概念所确认的，必然也适用于所有低层级的概念。然而，那些作为特有之物包含于更低层级的概念内的，就只能将这一同样的权利授予更高层级的概念某一分支，而非所有。我们理性推论的有力皆在于此。树干的特征也归于所有主枝，主枝的特征归于所有从之而出的侧枝，以此类推到树冠或个别事物。往后逆推，与之相对地，分枝特有的特征只能被赋予主枝的某一侧枝，正如主枝特有的特征只能被赋予共同的树干的某一部分。

因此，理性推论的真理就在于将某些概念与特征在思想中联结在一起的可能性或非可能性。这样，只要我们的思想被视
作可思维的或相反，它们的真理就在于其诸特征彼此之间的一 97
致以及与其诸结果的一致。人类所有那些只关乎什么是可思维的什么是不可思维的知识，就如数学和逻辑一样，通过带有最高

等级自明性的矛盾律来保证它的确定性。以这些严格的证明，我们仅分析概念，借助所有主枝和侧枝去追寻树干的特征，比较共同特征与个别属性，并且以此弄清楚它们是可思维的或是相反。

所有这一类知识，只要关乎可思维的与不可思维的，就是正确运用理性的结果。只有理性的匮乏或误用才会使我们迷失于非真理，并混淆可思维之物与不可思维之物。此外，隶属此类的真理都具有必不可少、永恒不变因而独立于时间的共同特性。当涉及这些真理时，谈论是曾在还是将在，一切是存在还是不存在都不适宜。彼此相容的概念将持续如此，而那些彼此错失的概念将永远不能彼此结合。

然而，尽管这些真理本身自在自为地是必然的、永恒不变的，我们还是意识到它们并不总是以同样的活跃度呈现给我们。它们居于我们之内的存在与时间相关，遵从变化。在某一刻某些概念还不为我们拥有，然后它们生成，或许在某一刻它们还会再次消失。它们是发生在我们这些思维的存在者之内的变化，因而可被给予一种理想的现实性。但它们也不是必然的，而是偶然和流变之物，正如我们是我们自己，是这一变化的主体。它们必然是可思维的，但并不是必然地为我们所思维，正如我们是永恒不变的可思维的存在者，但自身并不是永恒不变的现实存在者。因而比起可思维之物的范围，现实之物的范围受到的限
98 制更加严格；一切现实之物必然是可思维的，但是很多绝不会被赋予现实性的事物也能够被思维。因此，现实之源并非矛盾律；并非一切没有自我矛盾因而可被思维的事物，都能够基于该原

因而理直气壮地宣称具有现实性。我们必须寻找另一条基础律，来为现实与非现实划分界线，并且和矛盾律区分可思维之物与不可思维之物一样确定。

让我们看看我们是如何获得关于现实之物的观念，又是因为什么缘故，我们确信，或者认为自己确信这些事物拥有现实性。人是自己知识的第一来源，因而，如果他想要说明自己所知与未知的东西，他就需要从自己出发。

我的思想和表象是我首先确信为真的东西。我赋予它们以理想的现实性，只要它们内在地居于我之中并作为一种在我思维能力中的变化被我感知。每一个变化都预设了一个被改变的某物。那么我自己，这一变化的主体，拥有了并不只是理想而是真实的现实性。我并不只是一个变形而是被改变的事物本身；我并不只是思想，而是一个自身状态被思想和表象改变的思维的存在者。那么在此我们拥有一个双重实存或双重现实性之源：表象的现实性和被表象之物的现实性，变化与变化的主体，而且我们至少相信自己充分认识到了这二者。

就像我不只是一个变化的思想，而且是一个持续的思维，所以同样有可能会认为各种表象并非仅仅只是居于我们之内的表
象或是我们思维能力的变化，而是也归于区别于我们的作为它 99
们的对象的外在事物。如我们见到的那样，思维的存在者并非仅是思想，而是具有自身的稳定性与真实的实存，同样，被思维之物也可以拥有一种自给的且不只是理想的现实性。如下这样的事物是可思维的，它们像我一样拥有持续的现实性，它们留在我们心中的摹本部分地在场，但也能部分地缺席。因此，我们或

可思考这三种事物:(1)思想,仅仅是一种变化,且其现实性被称作理想的现实性;(2)思维者或持续的实体,变化在它们之中发生,且必然已被赋予真实的现实性;最终(3)被思维之物或思维的对象,很多情况下我们倾向于赋予它们以真实的现实性,就像我们赋予自身那样。但我们是如何确信这些外在于我们的事物也拥有现实的实存,而不只是我们心中的思想?尽管我们的天性已然迫使我们自信地对许多事物做这样的假设,但我们还是会渴望知道我们为何对它们深信不疑。

首先,感官及其杂多的现象。我们倾向于将那些给我们感官留下印象的东西视作现实存在于我们之外的某物。然而我们也意识到感官有时会带有欺骗性。它们偶尔会诱使我们相信现象的主体是在场的,后来我们发觉这些现象仅仅是我们之内的表象,它们并不拥有外在于我们的客体。这些现象是某种被幻想出来的东西,是梦,是错觉,归于它们的仅仅只是理想的现实性,至少目前,它们的客体在我们之外无处可寻。

我们为了摆脱这一疑虑,通常采取以下路径。我们首先查看不同感官之间的一致。越多不同的感官向我们宣称某个客体
100 实存,我们对其现实性的信念就越没有风险。我瞥见一朵玫瑰的影像,触碰它,感受它,采撷到鼻下,细嗅那个我在很多情况下已经感受过和闻过的东西,并将之与玫瑰的视觉影像结合在一起。我在各种距离、不同环境、并通过各式各样的媒介观察这同一种对象,我知道所有这些因素都会改变感性现象。我透过水、透过空气、透过会凸扩大或缩小对象的玻璃去凝视一个视觉的对象;我通过会放大或削弱声响的器械去辨识听觉的对象;我

用身体的不同部位去与触觉的对象发生联系，摒弃关注对象通过所有这些不同的方式给我留下的印象，并在其中区别开相同点与不同点。我询问这些客体在处于其他人的感知范围时给其他人留下的印象。所有这一切愈是达成一致，我们愈是相信自己确知一种外在的现实性。分歧愈多，疑虑愈深，或者更极端一些，我们愈是认为我们所意识到的感性现象仅仅是我们之内的思想，它们在我们之外可能不存在任何东西作为其客体。

现在若我们对感性对象的客观现实性深信不疑，那么我们可将所有已知的数学与逻辑的真理运用于这同一个对象之上。首先，我们通过这些无可辩驳的真理指定给这一对象以一切必然附属于其概念的谓词，正如我们通过矛盾律将所有不属于它的特性从它那里驱逐出去。如此一来我们构造了真正的命题，这一命题的主词自为地具有感性知识的自明性，然而由于应用数学和应用逻辑的规则，它的谓词能且仅能被如此思维。我们从这些命题达至理性推理，这样一来应用数学和应用逻辑的学
派就在自然学说中诞生了。并且，两种感性现象越是频繁地最 101
终彼此相随，我们越是频繁地发现在现象A的情境之中，区别于现象A的现象B就会出现，我们就越有把握推断出这些现象的固定联结。每当我们开始意识到现象A的感性的现实性时，我们也能满怀信心地期待现象B。我们越是频繁地发现某个外观、触感与味道类似面包的对象也能给予身体以滋养，我们就越有信心期望类似面包的感性对象有这一结果，即便现在我们对这些感性对象毫无经验。我们越是频繁地感知到某一个带有玫瑰视觉和触觉属性的对象倾向于在其周围散发某种气味，并在嘴嚼之

时倾向于释放某种滋味，我们就越能自信地推测，任何在视觉和
触觉上显现为玫瑰的花朵都会带有这些气息和滋味。通过这种
方式，我们在物理学以及日常生活中所运用的原理和假设将无
止境地成倍递增。我们从一种现象的现实性，推断出其余所有
倾向于与之联结的感性现象共同的现实性。这种推断并不具有
可被称为数学或逻辑的不可辩驳的确定性，而是带有某种根基
于可然律且被称为“归纳法”的信念成分。接下来，我们将进一
步考虑这一信念的根基，以及它所提供的自明性的程度。今日，
我举一个例子阐明真理的这些总体概念，便足矣。我品尝一点
食物，它给我的味蕾提供了盐的滋味，与我一起就餐的人也体验
102 到了同样的感觉，而且在我们看来它就貌似普通的盐。我将其
放置于显微镜下观察，它的诸部分都具有盐的形式。我将它投
至水中，它就像盐会消融的那样消融了，我现在预计根据这一技
术法则，它在化学研究中也将呈现与盐紧密相关的同样的现象。
我不会满足于这个仅为臆想的预测，相反我会通过化学工序对
这一物体的某个部分进行研究。如果我的预测被证实了，那么
我就可以怀着更为笃定的信念，基于多次在类似的人体中以类
似的方式激起的经历，推测这一对象的其余部分将在我体内产
生的影响。基于我多次经历过这样的一致，我也期待在类似的
情况中达成类似的一致。凭借的证据越多或越少，我体验到一
致的情况就越多或越少。

第二章　原因—结果—根据—力

我将继续追踪事物知识的第一源泉，虽然我这些错综复杂的絮叨很可能会烦扰到您。但是一个人如果想要逃离诡辩的圈套，那么终其一生至少得有一次，对一切细节都一丝不苟地进行琢磨并弄清楚它们。我们已经知道，正是现象彼此频繁的交替更迭给我们提供了一个有坚实基础的推测：现象之间彼此关联。我们将先行的现象称作**原因**，将后续的现象称作**结果**，并且坚信这二者能够结合在一个逻辑命题中。这就是说，在作为主词的原因概念中，某物将必然被发现，基于这一点，结果就可以被设想成谓词。从中可推导出结果的原因内的这个“某物”或特征，我们称之为根据并且声称：每一个结果都以它的原因为根据。
通过真理的共同根据，我们从彼此伴随的两种现象得出结论：它 103
们必定从属于一个第三者，即共同的原因，且无需判断这种从属是直接的还是间接的。

在此有人能觉察到知识的三重来源。甚至动物都能在类似的情况下预想到类似的后果，不过并不是立足于知识的共同根据。在这类情况中，概念的单纯联合之于动物，完全就是经验之于普罗大众，就是理性之于哲学家。譬如动物会避免栖身于陡坡，唯恐失足跌落。事件的频繁重复将观念深植于动物的灵魂之中，以至于瞥见斜坡，塌陷和跌落的观念就会变得极为激烈并产生出恐惧。相反，人类并不仅仅被一种变得激烈的表象所驱使。取而代之的是，根据往常经验，人们会自为地形成一普遍的理性命题：“所有重的物体都将从斜坡上滑落。”他们通过真理的根据推断，一旦斜坡的观念被澄清，就将从中发现一些东西，以那些东西为根据，塌陷的可能性就将变得可理解。哲学家基于力学引入了关于根据的知识，也就是理性，并使普遍命题接近纯粹理性知识。

在动物与人类共有的对处身于陡坡的恐惧之中，潜藏着一种能将适合动物的知识升华到纯粹理性真理的合理推断。而小前提“这是一个陡坡”将由视觉提供。无需进一步，通过融合动物身上那些被频繁的感知植入的观念，跌落的表象就会在动物体内觉醒。它成为动物灵魂中的决定性概念，并影响其运动能
104 力。然而在这里，理性仍有很多需要厘清和展开的。视觉提供给我们斜坡的现象——可若是视觉蛊惑了我们，那又当如何呢？这绝非无稽之谈，因为视觉经常戏弄我们。然而各种现象愈加频繁的一致证实了我们的预测，也就是只要它们在涉及空间和广延之时有参考价值，这些现象就不会以其它任何的方式发生、出现（1）在其它任意的距离，（2）在不同的环境，（3）凭借各异的视觉模式（发生在这样一个表面的现象不会有一丝一毫的损耗），（4）对于生物的触觉和其它感官而言，这并非仅仅**看起来像**一个陡坡，而**实际就是**一个陡坡。当在如此频繁重复的情况下、在如此变化多样的条件下，还能达成如此程度的一致性，我们就推断这个对象外在于我们，并且具有这一一致性的根据。

这里，哲学知识对共同自明性的补充只不过是试图依照理性艺术的基础律阐明：我们是通过什么权利得出这个结论的；在此我们是怎样使用我们称之为归纳和类比的推论形式。

陡坡的外观唤醒了跌落的表象，这一表象往往与陡坡的外观关联着。最轻率的人都不会允许自己仅被一个活跃的表象支配。相较于提炼出他经常目睹的事实，他更会自为地提炼出一个经验性的命题：一面斜坡……等……，而他无法为此提供更进一步根据即理由。从这一反复中他推断出某种关联，并自为地形成一个普遍命题，且将其当作这种情况出现的大前提。如果类似的经验告诉他，譬如用楔子更易分解物体，用螺栓更易运转物体，那么这些对他来说就是个别的命题，并且他在对其中理性的东西一无所知的情况下就采用了这些命题。哲学家对他的知识进行更深入的溯源，并竭尽所能地试图将它与纯粹理性知识结合起来。他发现，譬如在这三个经验命题中，同一个自然的普遍法则、物体重力法则与运动传递法则，仅仅因为形象的各异而 105
变化各异。这些自然法则必然会通过斜坡、楔子和螺栓的形象经历变化，关于变化，他根据几何原理也就是可思维之物与不可思维之物的法则做解释，并且发现螺栓和楔子，连同斜坡，都可以基于同一原理而被理解。这样从这一方面，他的知识就是理性的纯粹真理。至少从这一方面，他清晰地辨别出主词与谓词的关联，而不用寄希望于经验来向他证明这一点。

然而至于自然的普遍法则本身，至于我们由这些特殊案例追溯到的重力与运动法则，我们并没有像借助可把握到的形体便可知晓它们的结果和变化那样，科学地、以纯粹理性的方式认

识它们。感性现象及其一致允许我们对蕴含它们根据的客体做出推断。我们将这一客体称为“物体”;而它为我们熟知的特征上不足以推出一种一般的重力,甚至不足以推出一种应当与物体共同结合成一个逻辑命题的运动的力。这些特征可以向这位或那位睿智的人传达这些命题:“所有物体都有重量”;“所有物体都有运动的力”。然而,即使是对哲学家而言,这些自然的普遍法则从一开始就只是他通过完全归纳而普遍化的经验命题。由于它们每一次都会在类似的情况下重现并且从未缺席,他便得出结论说,主词与谓词之间有内在的因果关联,即使他不能清晰地辨认出这一关联。理性只是协助他将个别的经验命题转变为自然的普遍法则。然而一般断言的根据并不是科学的,并不
106 是纯粹理性的知识,相反是一个取代纯粹理性的不完全归纳。

这种不完全归纳并不一定没有说服力或自明性。在很多情况下它完全可以确保我们高枕无忧,搁置一切疑虑。每个人都以不容置疑的确定性预测,比如,人都会死,虽然这一信念的根据仅仅是一种不完全归纳。没有人会在一个婴孩面前处理某些维系其生命与财富的秘密事务时闪现丝毫的犹疑,没有人会担心自己被目击现场的孩童或家畜出卖。在此摆脱疑虑的确定性基于的是什么呢?不是基于科学的理性知识,相反是基于不完全归纳,这一归纳如此接近于完全归纳,以至于它足以让我们充分信服。

在灵魂和道德的学说中,我们的知识有着同样的情况。一旦我们进入到现实之物和非现实之物的科学中去,我们的知识就会显现出混杂的特性。一部分,直接经验或对它的感官知觉

在我们之内运行；一部分，我们比较这些直接的观察，将它们拆解，觉察它们的相似性，由它们追溯到有时根基于理性、有时根基于完全或不完全归纳的普遍原理，信念的坚定程度与归纳的完全程度相对应。在此这一信念也可达至这样程度的自明性，以至于它没有给疑虑留存更多的空间，并且提供给我们所有原本只能期望从纯粹理性那里得到的确定性。阐释在此行为中什 107
么被归因于内在感知，归因于理性，或归因于单纯经验，是灵魂与伦理的学说的任务，在此我们无法对此学说进行深度的探讨。如果不管多么不信任友人的忠诚，那位马其顿英雄毫不犹豫且没有任何怀疑地直接从其医生的手中接过那副药，并且非常真诚地表达了对这段经历过考验的真正友谊的信赖，那么他的伦理信条的本性就是混杂的。它部分根基于他对全体人类，以及对动机对人类意志的影响的熟稔；它也根基于自己和其他人积累的关于友谊的经验与见闻；最终，它根基于那位遭受诽谤的圣人不断向他表现的正直。所有这些知识范例的整合，都来自于内在感知及其科学发展、愈加频繁的经验以及从中形成的归纳。通过这些归纳的总括，有种坚定的信念在他心中生长，它如此单纯，超越了一切疑虑，以至于仅仅略次于数学的自明性。

因此，每一个断定“现实之物与非现实之物的科学不是纯粹理性知识”的信念，都根基于不同感觉在各种各样的情况和变化中的一致，根基于次第跟随的不同感官现象经常出现的一些结果。因此我们有理由考察在这些案例中，我们是凭借什么权利进行判断的。在论可能性的文章里，我相当清晰地剖析了这一问题，并展示了真理的根据，凭借这一真理，我们便认为已

经通过类推和归纳得到了确信。鉴于此处的关联，我想要简要复述一下那篇文章的要点。但是我建议，为了更好地理解，请通读全篇，并精细考察文章提及的那些根据，那将对我们后续有所帮助。

108 如果客体A的特征悬而未决，不知道它是否具有B，不知道这是否依赖于外在的偶然规定，这种规定不仅能产生肯定情况而且能产生否定情况，那么这一命题就处于疑问当中，正反面都有相等的可能性。如果硬币的图案面和盾牌面一样都有可能朝上，如果这由我无意做出的手的运动所决定，那么赌这一面还是另一面对于我而言将是同等正确。如果它被投掷许多次，可能的结果是，其中一种情形和另一种情形出现的频率同样多。若一方对盾牌面下注，另一方对图案面下注，那么这两个玩家都有同样的理由满怀希望。如果多次投掷总是出现同样的结果，那么我们就猜测某个内在规定的原因有利于这一结果。如果我的对手一次接一次投掷，总是硬币的同一面朝上，那么我就怀疑他没有根据游戏规则任由结果随机产生，相反，他知道该如何隐秘地旋转硬币，由此蓄意谋得了那个结果。我的疑心随着投掷的次数增多而加深。让我们更加准确地阐明我的推断。

我的对手投掷了多少次，就有多少次与他违背。因为比方说，他赌每一次盾牌面朝上，那么在两次投掷中他将面临两种与之相悖的情况，只存在一种情况他能寄以赢的希望。由此，他能假设（1）两次投掷结果都是盾牌面；但我可以假设与他相对的情形（2）两次投掷中的一次图案面将朝上。他赢的希望之于确定性的比例是1：3。但是我的是2：3。如果想要在随机结果揭晓之前在我们之间划分赌资，那么他将有权索取1/3，我则可以索取2/3。

如果我们赌投掷三次，那么他的希望将是1∶4，而我的将是3∶4。每投一次都为他带来多一次输的情形，正如它给我带来多一次赢的情形。因为根据预设，只要图案面朝上一次我就赢。然 109
而他的希望仅仅寄寓于盾牌面总是朝上这样单个的情形。这样，在一百次投掷中，我的希望等于100∶101，而他的等于1∶101。总而言之，n次投掷，我的希望等于n∶n+1；而我对手的希望是1∶n+1。

因此，如果结果仍然偏向他，那么当然有可能他确实是诚实的，由运气决定游戏。这种情况的可能性是1∶n+1。但是以n∶n+1的可能性，足以推断要么在硬币本身中，要么在我对手投掷时秘密施加的旋转中找到导致这种出乎意料的情况（即他赌中结果）的根据。投掷的次数越多，1∶n+1的比例就越小，相应地我对手的希望就渺茫，故而也就越能推断他靠运气赌中结果的根据。但是如果n不是无限大的话，这个关于确定性的推断就称不上对等。只有在这种情形，1∶n+1=0∶1；也就是说，只有在这种情形，我的预测才是完全确切的，我对手的希望才等于零。但是只要n还是有限的，就仍然残留着一种偏向我对手的微渺的希望，而且，倘若他凭的是运气的话，关于赌中结果的原因预设就仍未达到不容置疑的层次。

我们关乎现实之物与非现实之物的极大部分知识，就基于推断的这些简单法则。

现象B越是频繁地跟随或伴随现象A，我们就越有理由为二

者彼此的联系假定原因。如果它们仅仅是被偶然的原因联系在
一起,那么每一次重新尝试,也可以发生相反的情况。环境的变
化或将引起结果的变化。由于这并未发生,我们就为这种关联
110 设想了一个原因,而且这种设想的信念与确定性接近的程度,同
已观测的事例数目n接近于同一数目n+1一样。所以,如果现象
B每一次都跟随着现象A,那么我们就认为这种关联的原因存在
于A的固定属性中。因为处于变化中的属性并不会再次地排除
相反的情况。故我们推测A内在的固定属性带来了现象B。也
就是说,我们意指一种因果关系;让我们称A为**原因**,B为**结果**,
称A的固定属性或称它们在A中的持存为**力**,如果我们看到,物
体靠近火时就膨胀,那么我们就认为膨胀的理由存在于火的固
定属性中,这一属性赋予火膨胀的力,并能精准预测出火和物体
的结果,而这一结果我们还尚未经历。确定性的程度随着目击
案例的数量而增加,正如我们已经清楚的,如果案例的数目极其
大,确定性的程度与完全的自明性的区别根本难以察觉。

正是凭借这种合理性,我们认为始终彼此伴随的两种现象是某个共同原因所造成的间接或直接的结果,每当我们觉察到其中一种现象时便会期待另一种。面包的颜色、触感与味道的结合,与对我们身体营养的影响的结合,被如此频繁地注意到,以至于我们理直气壮地将这二者都视作面包内在特性的结果。我们也期待从每一块看见的和触碰到的面包得到同样的味道和营养。正是通过一种内在特性,面包才能导致这些归因于它的结果,我们将这种内在特性称为“力”。

这是所有被我们假定的自然法则之源。它们是我们将具体

见到的或推出的因果关系置于其中的普遍定理，通过应用这些定理，我们在每一次出现的情况中都能预估到结果。相似的主 111
词凭借这种内在根据，即这一关系的原因，也将有相似的谓词。那么重力定律是自然的法则，也就是说，是我们尝试将在物体起伏升落之中察觉到的所有差异都统摄其中的普遍定理。牛顿的拥护者，伽利略拥护者，以及其他探索者将**可思维之物**与**不可思维之物**的定理与这条自然法则结合。也就是说，他们将数学和逻辑的原则运用在了重力定律之上，创造了物体重力的全部理论，以一种超乎想象的方式拓展了我们的知识。

如果不同的情况a，b，c，d既可以出自同一个唯一的根源e，亦可以依次出自各种各样不同的根源，那么它们就有可能享有一个共同的根源，这一可能性随着情况的数量的增加逐渐增加，并可以变得近乎确定。我看见许多人追随某种宗教，至少，将目光转向了某种宗教。每一个人都事出有因。然而很多原因间的一致容许我推断出一个共同根据。我观察过人的很多行为。每一个行为可能出自不同的动机。但是举个例子说，如果我认为一个人充满野心，所有那些行为就能够自然而然地解释得通了，那么这样的行为见到的越多，我就越有可能做出这一推断：这个人野心勃勃。

假说及其真实性都依赖于这一根据。不同的自然事件越可以基于一个预设而被理解，而且实现这种情况的预设越简单，这一预设自为地拥有的根据或可能性就越多，断定这一预设为真所凭借的合理性就越大。有人可能会设想，只有当我们将对世界的安排归于一个理性的智慧的原因，而这个理性的智慧的原 112

因选择最短的捷径抵达其目的，这一假说的准则才能够符合逻辑。“只有在这种情况下，”新时代的智者写道，“你才有权选择一个简单的安排而非一个复杂的安排，你才能相信智慧能够事半功倍。因此你为假说设定的准则本身也是一个假说。”然而，根据上述的概念，这一假说在这里并不重要，不论我们有多信服它的确定性。它遵循人类知性的本性，并不将发现的一致归因于盲目的时机，相反哪里不同的状况同时出现，就在哪里寻找同时出现的根据。我们凭借一种可能性对一致性的根据做出假设，这种可能性的说服力，一方面随着处于一致中的事物多样性而增强，另一方面随着一致的单纯性而增强。如我们所见，这种说服力与最高级的自明性相似到如此程度，以至于它的差异不再被人觉察。那些基于一个简单预设就能够得到阐释的不同自然现象会产生明显的一致，这种一致的根据我们将在这个假说中寻得。如果这一假说并非为真，那么共同的根据将不复存在，这些各异的现象将不得不基于同样多的各异的假说才能得到切实的阐释。这些现象的一致将因此沦为一种单纯的偶然。但是我们如果将这些交给时机，任由一致性随意出现，那么我们就违背了事物的本性，违背了人类的理性，违背了我们欢呼真理、选择可能之物而不选择不可能之物所依据的法则。

第三章 直接知识—理性知识—自然知识的自明性 113

现在我们已经接近于回答最初提出的两个问题了：何为真理，以及我们如何确证真理？

我们的知识可以划分为三种类别：(1)感性知识或者说关于我们自身变化的直接意识，在我们观看、聆听、触摸等的时候，在我们经历悲欢的时候，在我们渴求或厌恶，判断，推理，期盼或恐惧等的时候，我们会直接意识到发生在自己身上的变化。所有这些我都归为内外感官的直接知识，尽管在事后所做的大量判断，知性所做的大量修正与提升通常都与感官紧密地关联着，以至于它们之间的边界很难识别。(2)可思维之物与不可思维之物的知识，或正确地使用知性从直接知识得来的判断与推论；由感受而来的思想；**理性知识**；(3)关于外在之**物**的知识或表象，我们因为意识到自己处于一个物理现实的世界而产生了表象，在这个世界中我们行动与经历，接受与改造。

这类知识的方方面面均与疑虑和非确定性相似，也被谬误、偏见与非确定性暗中渗透。从中我们意识到了灵魂的力量是有

限的，灵魂的能力与软弱和无能息息相关，因此处于它们的后果与影响之中的，是部分根基于灵魂的能力、部分根基于灵魂的无能的知识。所有视听的错觉都由于如下这一事实，即感官的力量是有限的，而且必须遵循感官的位置和特性。任何理性知识的虚假都由于知性的软弱，以及清晰知识的力量的局限。关乎
114 现实之物与非现实之物的谬误皆可追溯到同一根源，我在下文会详述这一点。因此，我们能够让如下普遍定理成立：**真理**是任何一种作为我们灵魂的积极力量之结果的知识与思想；然而就思想是无能的结果，就思想因我们积极力量的局限性而经历变化，我们称它为**非真理**。诚然，如果灵魂最高力量的无能——知性或理性的匮乏——应对非真理负责，那么我们称知识的虚假成分为谬误；但是如果我们是被所谓的灵魂的低级力量所制造的错觉所误导，那么知识的虚假成分就应该被称为**错觉**或**感官的欺骗**。因此任意一则人类知识都部分为真部分为假，因为它是自身存在约束和局限的力的一种结果。然而，非真的部分既不是谬误，也不是感官的幻象，亦非这二者的结合。

感官的幻象归根结底和谬误出自同一根源，只是前者处在未发展的区域，后者处在已发展或已分析的概念的区域。前者，即感官的幻象，接近于直接知识因而甚至更加难以抗拒。错误的判断和虚假的推论都可以得到改善，并通过知性的正确使用而转变为真理。可是，感官的幻象始终不变，无论我们多么相信绿色是由蓝色和黄色混合而成，或是遥在远方的塔并非像它看起来的那样圆，无论我们多么赞同哥白尼所说的不是太阳而是地球升起，感官的幻象总是固守从前，不为我们的信念所扭

转。错觉与直接知识关系太过紧密，借助知性和理性也无法纠 115
正它。

不完全归纳是感官欺骗的主要根源。我们结合不同感官的印象，每当我们意识到了其中的一种印象，便会期待出现另一种。视觉与触觉被如此频繁地结合，以至于只要类似的对象进入视野，我们就会期待发生类似的感觉。当感知到一种外在的相似性时，我们便推断一种内在的相似性。我们推断出一些相似的结果，是因为我们如此频繁地感知到这两种现象的关联。我们从符号推断出其指称，从彼此相续的事物序列推断出它们彼此互为根据。我们依赖于一些在原则上仍可能是欺骗性的不完全归纳。所有这些都是我们力量的错误运用的结果，是当其发展时便与谬误同一特性的逻辑推理漏洞。然而只要它们未发展，只要它们直接以这种方式与感性知识结合，它们就拥有感性信念不可遏制的力量，而且无论怎样使用灵魂的更高力量，它们也无法被改变。譬如，为何我会认为在远处向我显现为圆形的塔实际就是这种外观？这显然是由于错觉，认为视觉对象不会因为距离遥远而变形的，认为即使距离拉近塔也不会在我的视野里变化模样，或者如果可以触碰的话，触感也不会变化。最终，这是由于一种一致性，这种一致性如此频繁地出现，以至于其他人也发现确实如此。这不过是被我视作完全的不完全归纳。为什么我会对一块可能含毒的面包毫无置疑并不假思索地享用？不容否认，这是因为我依赖于面包的营养与其外观之间被频繁觉察到的内在联系，是因为当外在的相似性于我的感官而言显而易见时，我便会设想一种内在的相似性。再一次地，这些仍然

是一些曾经欺骗我的不完全归纳。我看见悬在空中的玫瑰图像，
116 伸手触碰它，期待着它摸起来、闻起来也不会有什么不同。这种欺骗以什么方式与类似情况中实质是逻辑错误的妄想相区别？它的不同仅仅存在于：这种期待扎根在我灵魂之中如此之深，以至于不存在任何理性信念能够将之驱逐。它置身在未发展的概念的区域当中，对这些概念的任何拆解都不能将之根除。

人们会由于一种错觉而坚信自己感觉到了很久以前就已经残缺的那部分肢体在痛，这种错觉似乎不同寻常，但是仍然能够基于同一根据得到解释。严格来说，痛感并不具有确定的位置，其中没有空间或场所的特征，没有广延或形象的特征。只有通过结合视觉或触觉，我们才会将疼痛错误地定位于身体的某个具体部分。其实怎么可能摆脱这种情况？我们对自己肢体所拥有的一切印象本质上都不过是视觉或触觉的现象。

只要我们感知到的疼痛处在视觉或外在触碰可及范围之外，疼痛的方位就无法确定。我们感觉到了疼痛，但并不知道从身体的哪一部分传来。如果你想要知道是哪颗牙引起了你那样一种刺痛，你就不得不用手指四处触碰，以查找出是哪颗牙齿一被触碰，痛感就会发生变化。当然，在感受某种疼痛的过程中，我们经常会察觉到身体某处的变化。我们触碰这个部位，会发现疼痛因此而改变。疼痛会由于触摸、挤压、摩擦而加剧或减弱等等。这样我们确定这个部位就是疼痛的所在之处。也就是说，我们以最紧密的方式将这一痛感与我们通过视觉和触觉对自己身体某部位所拥有的印象或空间表象结合在一起。现在，每当
117 我们再次感觉到这种疼痛时，它不仅会通过观念的综合唤起肢

体的印象，而且我们也会做出预判，认为对肢体的任何触摸或其它处理都将再次得到完全一样的效果。这就是说，我们将这一肢体当作疼痛的原因。因为这个原因，观念综合尚未发展得足够完善的孩童，很难说清是什么让他们感到疼痛或是哪里在痛。

但是，如果疼痛的位置仅仅是理念联结的结果，如果它仅仅源自两种现象极其频繁地彼此伴随的事实，源自其中一个是另一个的原因的推断，那么自然而然地将引出以下几点，首先，这一推断正如所有其它从不完全归纳得出的推断一样，也可以带有欺骗性，因此我们常常错误地确定疼痛的位置。那么，对这一观念联结而言，肢体的现实存在并不是必要的。当肢体的形体表象与某种疼痛联系得如此紧密，以至于它变成了跟随疼痛而来的直接感觉时，那么每当我们感觉到这种疼痛时，肢体的形体表象就会再次重现。或许这一肢体仍然现实地存在在那，或许我们已经认为自己不再通过视觉和触觉的外在感知拥有这一肢体。不论哪一种情况，感性的观念序列一路奔涌向前，不被这个更加显明的信念所阻挠，疼痛便被传送到了那个并不存在的部位。

如果自然科学家想从生理学角度说明这一现象，他们会满足于说，疼痛并不位于外在的肢体，而是位于神经集中交汇的脑部或所有的感觉聚集之地。因此，感觉可以始终如初，即使产生感觉的外部神经末梢已经不复存在，也不会发生改变。这一解释对于生理学家是足够了。可是哲学家要走得更远。他注意到 118
我们所拥有的神经和大脑的具象也要仅仅被归结到视觉和外在触感。愉悦与不快、舒适与痛苦的内在感觉，和空间之物与形体

之物毫无共同之处。仅仅是通过频繁重复、频繁聚集和彼此跟随的各种现象，它们才如此深刻地在我们灵魂之中结合，我们才推断出在它们之间的因果联系。通过频繁的重复和早期的习惯，这一推断几乎成为一种直接感觉，并且执迷不悟，无视清晰的感官所提供的更为完善的信念。在更为审慎的理性将它驱逐之前，推论已然得出，错觉已然形成。像大多数情况发生的那样，习惯在理性之前横冲直撞，并且裹挟着一些只会在之后被理性否决的东西。

在精致的科学和艺术中出现的所有错觉都来自同一根源。它们都基于符号与其指称的关系，基于那些我们倾向于根据不完全归纳得出的推论。如果这些错觉通过早期频繁的重复变成了习惯，如果观念的序列变得如同一种直接的感觉，那么我们的感觉就会畅通无阻地前行，从符号推出其指称，而且只要察觉到了前者就会期待后者。不管关于现实之物的更加清晰的知识多么用力地将我们推向反面，感性的错觉仍然有着它自己推理和得出结论的方式，模仿仍会发挥效应，即便理性辨认出它仅仅是一个模仿。我们可能非常确切地知道这里的演员不是那个杀死纯洁的苔丝狄蒙娜的嫉妒焚身的摩尔人；我们知道拉奥孔雕塑感觉不到蛇的啃噬，尽管这种啃噬的效应甚至通过匠心渗透到
119 了拉奥孔的足尖边缘。只要我们仅仅具有这样一种倾向，任由自己被一种迷人的方式蒙蔽，感性的知识就会故技重施，让我们从激情的迹象推出激情，从自发行为的迹象推出意图与动机，这样我们就会关注那些并不存在的人物。我们现实地参与到非现实的感觉和行动中，因为我们蓄意地无视这种非现实性，从而取

悦自身。

如果我的目的是进一步解释这种心理维度，我将基于这层考虑，抓住时机地向你介绍感性的分离功能，并通过一系列案例向你展示，我们的感性知识混杂了各种通常仅属于理性的灵魂的作用。健全的人类知性，似乎单独地在欣赏美的过程中起作用，其实却预设了理性的运作，这种运作必然是无意识地在我们心中发生。我将继续进行对比，通过众多实例，向你展示健全的人类知性与理性根本上是同一种东西，而且那些在思维过程中由于理性而发生的，必然也会在感觉的过程中发生于感性知识。差异仅仅在于：在感觉的过程中，人类知性步履仓促，鲁莽跃进，没有因为摔跤的恐惧而踌躇不定。相反，理性可以说是手持杖柄四下敲击，然后才敢踏出一步。它步履蹒跚地沿着同一条路前行，无疑更小心翼翼，可也不无恐惧与战栗。两者都可能误入歧途，都可能磕绊和跌倒，倘若发生了这些情况，重整旗鼓，对理性来说有时会更为艰难。

然而，由于这些讨论将使我偏离计划太远，我认为展示清楚感官的错觉始终根基于一种逻辑错误，就已经足够。虚假的幻象同理性知识的谬误一样来自同一根源。通过从不完全归纳得 120
出的错误推论，不充分的类比，以及在没有根据的情况下预设的因果关系，我们的感性知识在并无现实存在之物的时候就推断出一个客体，或赋予客体本不属于它的属性。简而言之，感官的错觉和理性谬误有着同样的唯一来源；它们都源自认识的无能，源自我们表象能力的局限性。在一种情况中，这种局限性会带来感性知识之中的虚假，在另一种情况中，则会带来理性知识之

中的疏漏；其中一种情况，它会产生虚假的幻象，另一种情况则会导致谬误。因此，用以回应我们的第一个问题，我们可以主张如下这一普遍定理：真理是任何根基于我们灵魂积极能力的知识；相反，非真理是任何因我们积极力量的无能与局限性而经受变化的知识。

第四章　真理与错觉

亲爱的，当我走近藩篱，看见你仿佛困在了某个活跃的争议中。它的内容也许是斯海尔德河口抑或诸如此类与我们现在毫不相干的主题，又或者是与我们在晨时经常讨论的话题切实相关？

“您知道，”J回答道，“现在，正如教皇说的，**就把细微琐事留给王子们的野心和傲慢吧**，我们则要在每日晨起，沉思与自身更为相关的事。”——有位英国诗人也是这样说的，我答复道。维也纳人也许会以他诗意的语言说：此处谈论的并非王子的野心或贪婪，而是河之女神的重拾自由。她在近几个世纪都被迷信蒙蔽了双眼，被智神墨丘利缚住了双手，现在应在冲突女神厄里斯与司战女神柏洛娜的援助下通过治国之道再次得到自由。——“这些他或许能赞同，”他说，“但是我们这些非维也纳人，以一 121
种类似的诗意语言，将晨思倾注在了本该在大地上拥有其圣殿的至高神性，尽管只有极少数凡人知道如何找到达至神性的道路。若是为了他们自身的利益，王子们的剑实际上根本无需出鞘，虽然他们不得不为很多血腥事件寻找托辞。厄里斯与柏洛娜也从未得到进入圣殿的许可。然而前者偶尔会充当向导，时常将女神的盟友引领到圣殿最外边的那道门前。但并非总是如此，就像某人说的，这要看她自己追随的是什么迹象。如果是神圣之爱在她的前面摇曳生姿，给她指引道路，那么她就会切实地行至圣殿，再恭敬地从门前退下。可如果是野心在她眼前疾驰前行，播土扬尘，遮天蔽日，那么她很可能刚到圣殿门前就会转身离去。而且就算这扇门是敞开着的，野心也会偷偷潜入，迂回绕道，将那个追随其后的人再次带出门外，并将他再次交到厄里斯的手上。”

你用我的耕牛犁地，我回答说，所以我可以很容易地找到你谜题的答案，孩子！真理就是争议的内容，我希望这一次厄里斯能够追随那种爱的迹象，晨时的神圣之处正在于此。若要终结这则寓言，是不是就关系到我昨天大胆给出的真理定义？

“正是如此，”他回答说，“似乎对我们某些人而言，您所说的真理特征好像并不总能充分地将它与感官的欺骗区分开来。您是说，‘知识就其遵循我们灵魂的积极力量而言是真理；而就其因这一力量的局限性经受变化而言则成为非真理？’”——
122 “是的！”——“这种非真理，您继续说道，作为理智与理性的结果被称为‘谬误’；但如果它来自感官能力的局限则被称作感官的欺骗或错觉。这是不是您说的？”——“确实。”——现在，我亲爱的S，告诉我们你想举什么例子对这一定义提出质疑。

S：“我在水中看见了友人的影像；若转向右侧，我看见他实际上就紧挨在我身旁。此处给予我幻象的同一感官在彼处向我展示真理。我们不能说在这种情况下是积极力量，在另一种情况是其局限性产生了现象。感官和视觉官能都在这两种情况里恪尽职守，确立了那些它们决定确立的。那么基于什么，我仍然这样不管不顾地认定那是幻相这是真理？——再举一个例子！难道不是凭借我们视觉的积极力量以及根据光学原理，我才看见在那流云之上闪耀的彩虹吗？然而彩虹，如我们所知，只是幻相；无现实性，无真理。如果你为真理设定的准则是决定性的，那么它就必须能够成功地覆盖所有这些以及类似的例子。”当然！我回复道。我们的准则必须在所有的情况下都能够将真实与虚假中区别开来，只要我们以任何的确定性依赖于它。——还有您，我的朋友，您已经听到S用什么诉状来驳斥我的解释了，您知道用什么来为它辩护吗，还是您想随它自生自灭？

这时W开口了："我们并没有完全放弃这个定义。在我们看来您自己似乎就曾在表述中引用过类似的见解，并运用您的准则对它们进行过阐释。同时我们希望听到您亲自对S的质疑做一个更细致的澄清。如果您乐意的话，还可以将此作为我们今日探讨的首个主题。”——甚好，我说道，从这个问题的讨论进入我今天想要展示的素材，确实是最恰当的方式。

孩子，你说视觉感官是根据光学原理运作的，然而此处给予你一个友人的单纯影像，彼处告知你他的切实所在。因此，这二者都是感官积极力量的结果，然而这二者都不是**真理**。是不是这个例子让你质疑我的判定？——“正是！”——你知道辩护律师是怎么为嫌疑人开脱的？他们否认事实或归咎于他者。我将采取后一个策略。我坚持认为视觉感官不是造成错觉的原因，相反在这两种情况下它都尽其所能地确认了纯粹的真理。作为这一感官的现象，此处你在水中所见的影像并不比彼处的影像拥有更少的真理。两者都是感官积极力量的结果,并且依我之见,它们都不可能误导或欺骗。——“但是这样一来,还有谁将为这种迷惑负责?”他问道,“如果两个视觉影像确认的都是真理,那么影像怎么会在我友人未现身的地方显示他在那里,同时又在他实际在场之所告知我他在这里?”**在场**,我回答,此处潜藏着症结。你是如何理解“**现实**”“**在场**”的?他似乎沉思了一会,最终说道:“就像有人[①]回答一个类似的问题一样,如果你不问我,我还知道。”——我回复,我原本也不是在索求某种学术性的定义。我只是想知道你是根据何种特征知道此处的影像是错觉,另一个才是你友人的真实影像。难道你不是从友人的熟
124 悉声音不是由水里而是由旁边传入耳中这一事实,从你想要拥抱友人或是从他手中接取某物就不得不把手伸向右侧这一事实而得知的?难道不是根据这些以及类似的识别标记你才将幻象与实存,将单纯的幻象与现实实体区分开来?——这点被接受之后,我就继续说道:视觉感官因此并不为错觉负责。欺骗你的是灵魂随后做出的判断。每当接收到视觉影像时,你都期待那些经常与之结合的听觉和触觉现象也会出现,而这一次并未应验。正如我们所言,这一期待的推理是不完全归纳,是从**杂多**到**一切**、从**时常**到**始终**的推论,若这一推断具有欺骗性,那么它显然是我们的软弱、不足以及认知能力之局限的结果。

同一种情况也适用于你举的第二个例子、彩虹的例子。色彩散发的明艳光亮让你期待一种流溢出这些色彩的固定的对

① 此处意指的是奥古斯丁的《忏悔录》,XI,14。——英译者注

象。理论和经验都让你相信它们仅仅是在迷蒙薄雾中往返徘徊，这种形成云的薄雾会随着你每移动一个位置而改变它们的位置。这里，就它是你感官的积极力量的结果而言，欺骗你的仍然不是视觉。习惯和对某种类似情形的预期欺骗了你，而你依赖于一种并不在一切情况下都紧密结合的推论形式。因此，真理总归是认识的积极力量的结果；反之，非真理则是与之紧密相关的无能的结果。

现在来回答我们的第二个问题，我之前将它定为了今日晨谈的对象。要达到什么程度的确定性，我们才能确定是真理？检验我们拥有或自以为拥有的认知范例是认知能力抑或是其局 125
限性的结果的标准又在何处？

回到我们认知模式的三重划分，这一划分你们现在应该仍然记得。感性知识、理性知识、关于外在的现实之物的知识或关于自然的知识。一切直接的感性知识或其他人所谓的一切**直观知识**，不管它是外感官的感觉还是内感官的知觉，都带有最高的信念。作为灵魂中表象的谬误和错觉绝不会掺杂其中。如果我听、看和感觉了，那么毋庸置疑我确实是听到、看到和感觉到了。同样，如果我感到愉悦和悲伤，如果我希冀，害怕，同情，爱恋，憎恶等，其中也不会出现任何错误。因为正如我们所见，这产生于对更高的灵魂力量的误用，这种能力只有在涉及理性与自然知识的时候才会协作和执行任务。直接的直观知识并不需要理性和知性参与，因而也不可能被它们的任何误用引入歧途。那错觉和感官的欺骗呢？我们已经知道只有当我们对外在对象进行推断的时候，也就是当我们的知识并不只是一种**表象**，而且也是

一种**展现**的时候，错觉和感官的欺骗才会具有欺骗性。在这种情况下，发生在理性知识中的同种推断谬误在感性知识方面寻得了一个切入口，并且偶尔会导致错误的结果。正如它们在理性知识领域引起的错误一样，它们也通过习惯、错觉和感官的欺骗在感性知识领域引起错误。只要我们停留在感性知识中，只要我们不将它视作展现而仅仅视作表象，它就绝不会受制于疑虑或非确定性，并且自身就将拥有最高程度的明晰性。

根据思维规则从这些第一位的基础概念推断而来的东西，
126 换言之，根据矛盾律从直接的直观知识得到的东西，都在同等程度上排除了一切质疑。矛盾律是思维不容或缺的一个条件。因此，如果思维的这一必要条件不被允许，我们通过矛盾律的指引而得到的结果不被全然接纳的话，我们就必然会放弃一切思考，一切探索。若是我们以某种方式错误地应用了可思维之物的定律，谬误确实只能作为一种运算方面的错漏偷偷潜入。司空见惯的是，在运算的一般技法中，误用最可靠的规则也会使我们得到错误的结果。因而针对每个问题的具体作答既需要检验也要求证明。证明真正地显示了如何必然地得出结果，如果一个人是根据分析的规则推进的话。相反，检验应该展示的是，在当前的每个情况中那些本应发生的是否按照证明的需求现实地发生了。很明显在运算的一般技法中，证明具有最高级别的说服力，而检验并不足以消除我们的推演是否正确的疑虑。同样的情况也存在于所有采用了最严谨证明的科学，存在于被赋予了最高自明性的科学，也就是数学和逻辑。它们所依据的思维规则，以及由真理推出真理所凭借的推论形式，将拥有最明晰的确定性。

但是，关于这些规则、这些推论形式是否同样得到了正确的运用，检验依然是必要的。如果缺乏检验，那么确定性无疑停留于很低的程度。理论毋庸置疑；但是在应用的时候，许多运算中的疏漏会潜入并导致谬误。127

直接感性知识的确定性也延伸到了美与道德感的领域。品味在这里也具有某种绝对正确性。你在哪里产生了某种美感，美必然就在哪里与你邂逅；如果一种思想或行为鼓舞了灵魂，并在某种程度上使其感知到自身的意义，那么它必然是崇高的。因为品味和道德感并非理性知识，故谬误或错误的推论都不会在其中出现。那么错觉呢？我们已经清楚，只有当灵魂在某种程度上脱离自身并从知识推断出客体时，这才值得忧虑，换言之，只有在表象区别于展现时这才值得忧虑。然而，只要它作为感觉而将自身限制在其内在的感觉中，只要每个幻象就都是真理，我也就相信自己感受到了所感受到的。因此，只要我们停留在主观感觉中，最古怪的味道也不会在这点上误导或欺骗。只有在那些能够被某种运算错误破坏并引入歧途的判断中，谬误才会发生。就是说，正确的品味会权衡思想或对象的一切部分，比较主要和附属概念，令各自处于合适的光之下，将美置于错误之上，并且给出与其对整体的印象协调一致的判断。相反，错误的品味，按照错误的对称切割光影，倚靠附属概念，忽视不该被忽视的，根据对整体价值的错误评估、基于它的一个部分而做出判断。他的感觉有显明的真理，但他的判断是虚幻的。

在爱尔维修的一部遗著中，他试图坚持那句遭受误解的话，

128 即一切人类知识皆源于感性的感觉。正如他将此仅仅局限在外感官的作用,并试图根据脑内纤维的活动来诠释全部概念,他认为他必须将所有的普遍概念从灵魂之中驱走。脑子里的一切都是感性的印象,为了去除语言(语言中的一切语词都意味着普遍的概念)给他制造的障碍,他声称语言仅仅是符号的知识。正如在代数中,例如符号或数字在运算技法中不承载任何直观的东西,仅仅只能作为标识通过置换与比较引向正确的结论,那么语词也能作为空洞的符号和标识在语言中成为思维的一种辅助工具和形成理性的话语。正如我们在那里也满足于这样一种信念,就是随时可以赋予每一个标识以确定的涵义,而且将像微积分通过符号推导一样准确无误地推出这一确定涵义的结果;他确证,以类似的方式,我们在语言的运用中可以满足于这样一种保证,即我们可以给予每个语词某个种属的感性印象,而不由此实际去思考或想象那些超出空洞符号的东西。我们仅能指望感官印象彼此之间的关系与我们将同一语词或符号设定的关系相同,但是眼下只思考语词作为符号所产生的感性印象。——按照这一设想,人类的全部语言将只是一个我们根据某种规则置换和结合的空洞代数符号的集合。

我想如若这一设想为真,我们肯定会通过语言进行理性推断,却无法激起任何感觉。单纯象征型的知识,犹如在运算技法和代数中的那样,不会激起任何思绪的波澜。它根本无法产生爱恋或是憎恨,惊惧或是悲悯,欢愉或是苦痛。面对优秀演员的
129 表演、阅读一首诗或一则演说,我们都将无动于衷,如同在进行代数运算一般。可我们怎么还是能借助语言制造出这种最震撼

的效果呢？感觉不会骗人。哪里存在感觉，我们就在哪里以最大的确定性推断出直观的直接知识。我们的普遍观念和表征这些观念的语词，必然不仅仅存在于符号的知识中。某些直观的、某些直接被认识东西必然依附于它们之上，凭借那些东西它们可以唤醒内心参与其中，并激荡起悲欢之感。

第五章　实存—清醒—睡梦—迷狂

当诗人回到亲爱的故土，他的家乡，在幻想的浩瀚国度漫游了太久的他，吟唱起那首欢快的歌谣：

好久不见！我再次凝望着您
故土，我母亲般的大地！

从一个类似的旅程，从可能性和理念的国度，我们返回到这个于我们而言更似家园的现实生活。若是怀疑论者没有在沿途大部分路段挖坑，布设众多的陷阱，我们可以唱起类似的歌谣，信心满怀地继续向前。因此，我们在这里就必须格外谨慎，在确认地面安全的情况之前绝不能迈出另一只脚。

让我们一路追溯实存的概念，直至其最初的开端，这并不是为了运用语词对它加以定义，相反仅仅只是探究它如何起源，
130 以及研究它如何日积月累地最终在我们内心扎根。——我们的思想之为思想，是最先将自身付诸我们的东西。它们现实地为内心所有，它们是属于我们的变化，或它们至少拥有主观的现实性，关于这些我们一刻都不能存疑。其次，我们自身的实存也是一个重要的条件，若没有这一实存，研究、质疑或思维根本无从

谈起。笛卡尔恰当地将结论“我思,故我在”预设为一切反思的基础,如果我内在的思想和感觉现实地内在于我,如果我自己这些变化的实存无法被否定,那么包含这些变化的“我”也必须被承认。哪里存在变化,哪里就必然存在一个承受变化的主体。我思,故我在。

哲学家同样有权这样说:我希望,所以我存在;我害怕,所以我存在等等。只是根据他的理论,所有那些发生在我们之中的变化都将具有他称之为思想的普遍特征。因此他将它们统摄于一个短语:**我思**。而实存呢?如果我们从自身出发,如同在一切知识中必须做的那样,那么“**实存**”就仅仅是“**行动**”和“**经历**”的普通代词。我们在生命的每时每刻都意识到在行动和经历某事,而这二者共同拥有的特征,我们称之为“实存”。我拥有概念和感觉,因此我是一个能够理解和感知的存在者。我行动或经历某事,因此我现实地在场。如果基于最明晰最具说服力的确证,我必须接受前者,那么后者作为一个必然的结果,也不可能被怀疑。

根据我们对真理和非真理的定义,所有这些自然而然完全成立。我们内外感官的直接感觉,以及按照思维的规则从中推断出来的一切,不可能仅是我们无能的结果,而是无可争辩地预设了思维的能力。它们所在的主体同样也不可能是单纯的无能,
单纯的局限。界限预设受限的存在者。变化脱离了经历变化的 131
持存之物则不可思维。我的所有主观知识作为主观的,具有不容置疑的真理。它的理想实存不可能是表象或是谬误。我自身的现实性不可能是错觉或是谬误,因此它是真理。

亲爱的，不要以为我企图通过这些抽象的语词，使我们知识的第一要素更易理解。我相当清楚这种言语的虚浮往往只会使这些甚至更加地费解。如果我们想要在知识中取得进展，而不是总在某种程度上兜圈子，借助于语词的阐释必然会在某处遇到瓶颈。我仅仅想通过不同的言说方式和语调，在您心中激起那些我拥有的以及符合我意旨的相同思想。若讨论转向了感性事物，譬如，我想通过自然历史以你能理解的方式进行阐释，那么我将罗列各种同类个体供您长久地考量，直到我确定你已经抽象出它们的共同特点，并形成了这个种类的概念。然而，因为我们在这里处理的是超感性的事物，这些事物除了通过语词再无法以其它的方式显现在我们眼前，我必须推敲语词与言说的方式，从不同的角度向您展示，直至那些我所主张的东西同样在你的灵魂中发生。因此，我远不是要给您一个关于思想、实存、我等等东西的学术定义。我只是想在您听这些语词、比较不同的表述时领您走向反思，我想在您心中唤醒那些与我主张一致的思想。

因此，我的表象之实存，就其仅仅被视为主观的而言，是没有任何疑问的，正如我自身的实存和通过可思维之物的法则从
132 这些表象中推导出的一切那样。前者，作为直接的感性知识，不用担心任何运算错误。然而，就它通过可思维之物的法则与纯粹理性知识结合而言，不论规则是否被正确应用，不论错误结论或运算错误是否误导我们，这些质疑都不能被完全忽视。

在我意识到的概念的领域里，我也察觉到某些概念不能仅仅被当作表象而必须同时被视为对外在对象的展现。它们并不

只是我的变化，并不仅仅只出现在作为它们主体的我之中；相反，我必须承认它们同时是自为地拥有自身实存的外在对象的印记。在我清醒之时，只要我身体无恙，没有什么比辨认这类概念以及将其与他者区分开来更加容易的了。这类概念带有那种作用于人的健康感官且不容辩驳的明晰性。相反，在睡梦、酣醉、痴癫、迷狂之中，我们倾向于将这两类概念混淆，错把一系列主观表象视为对外在对象的展现。清醒时我们辨别得出自己的状态，将其与幻梦区分开来，但是在持久的睡梦中，我们就不能如此了。当然，即使在这种状态，仍然会时常出现微弱的疑虑，那些看见的听见的是否可能不只是梦。然而这些疑虑很快被外感官看似具有的自明性克服，尚未将我们的真实状态告知我们便消失不见。你们每个人都将有机会亲身体验这一点。只要在梦中发生了似乎荒谬、违背自然常理的情况，我们就会予以注意，然后问自己：这只是一个梦吗？疑虑轻易地产生，可随后也轻易地消失，没有进一步揭示我们的状态。问题在于：可以清楚地给出表象区别于展现的标准吗？健全的人类知性做出的声明让我 133
们在清醒时如此难以抗拒，这个声明可否转化成理性知识？怎么也恰恰是这个标准在持久的梦中丧失了它的绝对无误性，而不再能够协助我们摆脱这一困惑？

通过我在不同时期向你们展示过的概念联结的学说，你们应该仍能回想起这些概念倾向于按照秩序的不同规则前后相续、彼此并置。有时根据主观命令，有时根据理智、想象力或理性的法则。我们先前同时拥有的、包含相似特征或根据理性法则彼此跟随的概念，在梦中以及在清醒之时互相生成，我们将此

称作“观念的主观联结”。但是如果它们自身之间处于一种独立于我们的因果联系中，那么这些概念前后相续、彼此并置，是因为它们根据自然法则作为原因和结果关联在一起。我们将此称作“观念的客观联结”：这一系列概念并非只依赖于我们的灵魂力量及其作用和局限，相反它们预设了这些概念所展现的外在对象，且基于这些外在对象的力量、相互的作用与彼此的关联。

我们将观念的客观联结占主导的灵魂状态称为“清醒”。在这一状态内，我们大多数表象显然相互跟随、彼此并置，并非根据灵魂力量的法则，并非因为我们在其它一些时候同时拥有过它们，也并非因为我们的理智（Witz）觉察到它们之间的相似性，或因为我们的理性发现只能以这种方式而不能以其它方

134 式思考它们。相反，这是因为它们自身之间按照我们熟知的自然法则，处于一种因果联系中。我们在前面已经清楚自然法则和这一因果联系的知识是如何获得的。它的主要支撑是不完全归纳，是一种从“时常”到“始终”的推断，这种推断在多数情况下能够非常接近无误性以及最彻底的自明性。这就是持续清醒的状态下我们绝大多数概念所处的秩序和联合。当然，我们的灵魂无时无刻不倾向于脱离这一客观序列，而过渡到它特有的那种观念的主观联结。但是因为在持续清醒的状态之中，概念的客观秩序占据上风，灵魂很快从它主观的脱轨状态中抽身，返回到事物序列中去。然而，我们越是对表象感兴趣，我们被观念的主观联结牵引着步入的崎岖之途就越是漫长与持久，我们清醒的状态就越是与梦之恍惚纠缠不清，其影响人们在精神涣散、亢奋或迷狂的经历中就曾留意到。有时候，某种迷惑我们的

表象力如此强劲，以至于压制了事物的客观序列，带领我们完全脱离自然的秩序，并跃入如同白日梦一般的观念的主观联结。这就是颂诗作者所描摹剧烈的内心活动、狂热以及激情的状态。

我们德国人称这种状态为“迷狂”，这是一个意味深长的语词。灵魂可以说是从事物的这一现存感性序列中退却，并投入到自身的另一个序列。出于同一个原因，就那些丧失心智的人而论，我们称这种状态为“疯癫”。

灵魂追随观念的主观联结、服从理智或想象力的倾向如此强烈、如此自然，以至于无需想起当下的现实世界，它都能坚持自己的过程，除了遵循由理智和想象力联结的概念序列，绝不会 135
遵循其它的序列。只有通过沉思，或是对一个且同一个对象进行持久的理性反思，灵魂才能消除这一倾向的影响。在沉思之中，灵魂专注于一个对象，将概念拆解为它们的特征，根据可思维之物法则反思它们的联结。这就是灵魂必须坚定不移地遵循的理性秩序，若沉思还想有所进展的话。只是对理性知识的兴趣大部分都太过微弱，无法使灵魂服从秩序，令其坚定地阔步向前。如若对现存之物的强烈意识并未即刻把灵魂召回到现实世界中，再次提醒它已经立下了要进行沉思的决心的话，每走一步，灵魂都可能躲入旁边那条属于理智与想象力的道路，再不回想它持有的沉思的决心。人们因而发现为何沉思对灵魂而言是如此困难，以及灵魂需要何种特别的内心状态才能实现。除了这一决心，理性知识与概念因其次第相继的秩序激不起灵魂的任何兴趣。它遵循这一思想序列，因为它想通过这一序列获得一个确定的终极目的。这一决心，这一终极目的大多是超感性

的对象，鲜少能够强大到抵御想象力丰富意象的魅力。因此，如若对现存之物的模糊意识没能让灵魂远离那条崎岖之路，灵魂将无法长久地坚持这一决心。但同样必然的是，对现存之物的意识不必强烈到完全将灵魂俘获，从而使决心的概念以及引导它的思想模糊不清。现存之物仅需要提醒灵魂它的现实状态，并借此唤起它的决心，以便灵魂可以泰然自若地追求理性的秩序。若灵魂意欲将自身保持在能够导向沉思的状态，现存之物
136 的印象不能太强或太弱，不能太活跃或太萎靡。现存之物过于强烈的印象极强势地压制了理性知识；相反过于虚弱的印象将灵魂放逐到了想象力的游戏当中，然后灵魂就会浮想联翩。不是每个人都倾向于必要时就在自己的感性印象中抚奏柔和的曲调，也没有人会每时每地具有这种倾向。像马勒伯朗士那样的人，若想要不受干扰地追随自己沉思的序列，就会回避一切强烈的感性印象，甚至会垂下帷幕使昼光黯淡下去。相反，像欧拉这样的人则具有超群的能力，能够解决最难的代数问题，能够在孩童与家仆的喧嚷中创作出备受赞誉的文章。

我们这是到哪儿了？我真的没有通过自己的例子证明我所要传达的学说吗？我起先陈述主观和客观表象的差异，是为了找出能将清醒状态与睡梦中区分开来的识别标记。还没有完全实现这一终极目的，灵魂就已经在追逐想象力，忙于描述迷狂和激情，然后又从这些抽身，转向沉思的需求。就在方才，我还想把主题扯得更远，甚至跳到抒情诗的规则中去。抒情诗介于沉思与激情之间，它有自己的可完全根据进程而确定的道路。开端，诗人有感而发；发展，诗人根据由沉思与激情组合的秩序推

敲概念；从一个系列的概念到另一系列的跳跃或陡转，这是激情
洋溢的诗人所采取的非同寻常的道路；我想照此顺序向你解释
这所有的一切，从而更多的是遵循抒情诗的道路，而不是哲学导
师的道路。万幸，瞥了你一眼，才将我从这一偏题中唤了回来， 137
并再次让我回想起我的决心。为了完全效仿颂诗作者，那么请
允许我在此唐突地剪断绳索，以便下一刻在出现磨损的地方将
它重新系紧。

第六章　观念的联结—观念论

难道形而上学家不是一群古怪的人吗？许多人也许都会
说，他们舍弃了早间酣睡的欢愉，惊扰了晨时也许最甜美的梦
乡，只为了在菩提树下与诸位共寻“眠时非醒、醒时非梦”的重
要真理。这一真理不论是对绕膝孩童还是对他们而言都同样了
然于胸。这也许很荒谬，但诚如我们所知，任何荒谬之事也具有
深刻的一面，关键在于你想从何种角度去看待。健全的人的感
50 官和理性都来自同一个根源；它们是同一种认识力量。像丰特
奈尔说的，理性只是行迈靡靡状若巨象，而感官似乎疾如箭矢，
直奔目标。智者尝试看看究竟能在多大程度上可以将人类感官
的断言归约为理性知识，这绝非无用之功。几何学家并未搁置
两点之间直线最短的严谨证明，尽管犬儒主义者谴责他，说直线
追捕猎物的狗也必然知晓这个道理。几何学家会这样回复，即
便是动物的感官，也有一个知识根据，我们想要知道是否能够将
它还归约为理性知识。因此，继续我们昨日开启的思考，不必回
避其中貌似存在的荒谬性。正如我们所见，清醒，就其关乎灵魂
而言，是概念的客观联结、因果律的或自然法则的秩序是最富启
138 发性并且某种程度上在灵魂中据重要地位的条件。灵魂向每个
观念的主观联结显示了它在时间与空间的位置，并赋予它们了

适当程度的阐释与力。它支配注意力，控制运动器官，甚至在持久的反思中为理性的进程指引道路。灵魂的一切运作都将和谐共鸣，只要关于现存之物的总体印象设定了它们所依赖的基调。

这种和谐和与之相应的灵魂运作的秩序可能会崩塌瓦解或是陷入混乱，倘若观念的客观秩序太弱或是主观秩序相应地太强。后者可见于激情、酣醉、迷狂或疯癫的状态。在所有这些状态中，某些概念的诱惑令灵魂如此难以抗拒，以至于灵魂会被诱引着拐入每一个错误的僻径去追逐它们。对现存之物的意识或因果秩序总保持有足够的力量，以便偶尔任意地引导注意力以及运动器官；但是有时对概念的主观序列的关注会占据上风，将灵魂引上主观秩序的进程，并且赋予它不切合事物现实状态的思想和行动。诚然，只要感性印象足够强烈，足可令灵魂迷途知返，那么理性就会辨认出其道路的谬误之处，即使深陷在酣醉或疯癫的状态，亦能下定决心之后引以为戒。但是这一决心并不持久。一旦那种兴趣再次焕发，它就会削弱对现存之物的印象，并再次将这一印象归于它的无能。灵魂再也无法进行理性思考，任由自身被其狂热的观念秩序引领。

在睡眠中，感性印象变弱了，相应地，想象的影像也变弱了。过去、现在都不够强烈，不能在灵魂中激起意识，或唤醒行动的 139
官能。一切都显现在极其柔弱的微光下，又都置于光影、明暗、远近的同一种和谐当中。这就好比薄暮冥冥之地，或是覆盖透明釉料的画。光亮是昏沉的，印象并不令人折服、动人心魄，却仍旧始终如一，效果近似。然而，如果在这种状态中，一些想象的影像，一个过去的概念，偶然地活跃了起来，观念的主观序列

就会因此而在灵魂中苏醒，并与意识结盟。如果无法被对现存之物更为强烈的意识召回，灵魂将根据想象的法则或兴趣的指令，从概念的一个主观序列转到另一个主观序列，并认为自身之间毫无因果关联的事物现实地交织在了一起。无可否认，这一现象与自然法则的矛盾会惹人注目，偶尔也会引起怀疑；但是如我们所见，对灵魂而言，受制于现存之物的印象是理性反思不可逃避的属性。可如果它能够遵循观念的主观序列，那么反思和沉思的决心就在下一刻再次荡然无存。灵魂已然抛弃了这整个序列，反而将自己置身于截然不同的事物的联结中，不论是它对这些事物的反思还是决心，都没有在其中留下半点蛛丝马迹。我们称灵魂的这种状态为“睡梦”。“睡梦”也以异乎寻常的方式进入到事物的序列中，这种事物序列不同于环绕在我们周围的事物序列。唯一的区别在于，在睡梦中表象根本不具有足够的力量去影响行动的官能。然而不无可能的是在睡眠中，想象
140 力的影像太生动了，以至于影响了行动的官能，产生自由任意的行动。在这一过程中，感性印象完全或极大程度地变弱了，至少不具备完全清醒状态要求的那样活跃，因而留与睡梦一种自由的游戏，以便支配官能行动，做一些除此之外我们只能在清醒时做的事。这种状态就是所谓的“梦游症”。在此发生的自由任意的行为是观念的主观联结的结果。对于现实的现存之物，它们只会理解那些直接与其目的相关的东西。梦游症患者会力图躲避或远离那些直接触及他们或至少构成障碍的物体，而且若面对的是他们在清醒时已经无意识地习惯了这样避让的事物，他们会避让得更加及时。不论哪一种情况，总体印象始终可能缺

失，通过这一总体印象，灵魂得以在现存世界认清自身的位置，得以完全清醒。

我们已经清楚，若是想象力的影像变得愈加生动，或灵魂的兴趣愈加压制遵循沉思之路的决心，灵魂的反思就会被干扰。然而，只要这还未发生，灵魂就能坚持这一决心，继续不受干扰地依照理性法则进行沉思。人们已然明了，这甚至也会发生在睡梦或疯癫中，只要兴趣或形象的表象的活跃度都不与理性反思的必要条件相冲突。一个疯癫之人在应对无需涉及现存之物的概况、单纯遵循严格理性和反思的路径发展的东西时，时常能够游刃有余，理性地且有条不紊地进行最深沉的沉思，这并非罕见之事。甚至还有过这样的现象，先前清醒时还一筹莫展的证 141
明难题，却在睡梦中迎刃而解。尽管这一切看起来诡谲离奇，但仍然可以在一定程度上得到理解，如若人们留意到了睡梦与清醒之间的差异，并深思出现在睡梦中且干扰理性反思的真正障碍。

德谟克利特说在梦中每个人都有自己的世界，醒来便坠入共同的世界，这并非毫无道理。在梦里每个人都会将另一个事物序列视为客观为真，这一事物序列并未现实生成，至少没按我们想象的方式生成，而且就联结它们的秩序而言，它们依循的也仅仅只是观念联结的主观原则。它们是取自不同体系、无法浑然一体的碎片。它们所包含的任何客观真理都是一个正在做梦的人自身的实存，这一实存即使在梦中也有其自明性，不容置疑。其余的一切都仅仅是这一做梦的存在者的变化，仅仅具有一种缺乏外在客体的理想的实存。每个都落入他自身的世界。

相反，清醒时人的表象是事物的描述，这些事物按照它们现实地在我们之外生成自身的领域的法则，现实地存在于我们之外。它们都属于一个共同的世界。诚然，它们在各个主体之中并非全然相同，而是会随着主体各自的情境与立场而发生不同的变化。但是这一差异性本身就显示了被展现的对象的统一性与同一性。这就好比从不同视角对同一地点的不同描述。它们若为真则必然出现差异，但是只有它们的相似点才客观为真，相反差别是视角的结果。它作为描述而言为真，将它视作对该地点的展现则为假。

类似地，在清醒之人的表象中，我们不得不将真实与错觉中
142 区分开来。我们单凭感官得到的认识，本身只有对现实性的设定，这一设定根基于感性现象的习惯性联结。这些皆带有欺骗性，或许就是某种视角的结果，如我们不问缘由地将画作视为对某物的展现的情况。越多的感官从不同距离，透过各种媒介对这一展现达成共识，我们对它现实实存的信念就越坚定。我们这一设定的根据不能再仅存在于某一感官的限度内，因为一致性指向的是一个共同的根据。不过，这里仍然还残留着某种疑虑，知识的受限范围就我们的一般感官而言，可能就是这一共同根据的源头，因此导致错觉。或许我自身所在的情境就是唯一的罪魁祸首，导致我看见了，听闻了，感触到了，便把仅仅发生在我之内且无任何外在于我的客体做参照的东西视作物。

然而，人们越是赞同我对这些事物的看法，就越能肯定我的信念的根据并不为我所特有。它要么存在于思维的积极能力中，因而成为某物真正的展现，要么存在于一切人类知识的共同限

度内。如果我确信甚至连动物也以这种而绝非其它的方式认识事物，后者的可能性将会降低。当然每个个体都是根据其立场和观看事物的视角认识事物。可总而言之，他们采取这样一种认知方式，以便通过刻画客体的不同面来传达其同一性。如果我们确信甚至比人类更高级别的存在者也以这种而绝非其它方式思考事物，借助立场的变化，那么我们认知外在之物时所具有的确定性将达至最高程度的自明性。我们将为自己获得一个几近完全的归纳：我们假定外在之物的实存所具有的确定性，并不 143
是我们有限视角的结果，并不是我们的限度的结果，相反根基于每个思维的存在者共有的思维能力的积极面。仅此一条就可作为广泛存在的一致性的普遍理由，以至于如此之多不同的物种，通过形形色色的认知方式，各持立场，还总能认知一致并视其为真。如果关于现实之物的知识是我们思维能力的结果，那么其真理毋庸置疑；倘若不是，那就请更正上述我们对真理与谬误、错觉的区别的界定。

如果我们接受这样的说法，最高理智将外在之物向自己展现为现实的客体，那么对它们实存的确信将达至最高程度的自明性，且将再无可提升的空间。这绝不是我由于百无聊赖而将你引入的单纯的思辨。如果我们相信至高存在者的实存及其属性，那么这条路也将展现自身，为我们构造一些关于至高存在者的知识之无限性的概念，并且从这一真理以及其它一些真理出发，或许以科学的证明方式，来驳斥观念论者的做法，为外在感性世界的现实实存提供无可反驳的证明。首先，虽然这指日可待，但在发生之前，我们要使自己仅仅聚焦于观念论者与我们一

致的主张。他承认发生在他之中的思想作为他自己的变化，具
144 有一种理想的实存。因此他也无法否认他作为这些变化的主体，是现实存在的。其他有别于他但同他一样有局限的存在者，也可以像他一般具有自身的实存，并现实地外在于他，如同他自己所是的那样。如果他没有陷入唯我主义的荒谬当中，将现实实存仅仅归于他一人，他也不会否认他们的实存。稍后我会有机会告诉你，为何我直接将这一观点斥为无稽之谈。我只能先应付观念论者，观念论者允许思维的存在者外在于自己，并未宣称只有他渺小的存在才享有唯一变为现实的实体的特权。在他认识的、其他思维存在者认识的所有东西中，观念论者同我们一起根据其他思维存在者的立场和视角，将仅在他心中为真的事物的主观序列与一切思维存在者基于自身的立场和视角所共有的事物的客观序列中区分开来。他在清醒状态时辨认事物所依据的特征于他于我们都同样不容反驳。可这些特征也能确证真理吗？在我们之外，是否真的存在一种感性对象，它们包含着我们清醒时认为客观概念序列是这样而非其它的根据？我们客观观念的总括还包括无生命的实体、物质，它们将自身展现为外在于我们的某物。它们的这一展现是否自为地为真？“不！”观念论者答道，“我们这样认为是因为我们感性知识的肤浅。这是感官的错觉，这种错觉的根源是我们的无能。更为完善的理性说服我相信没有实体是物质的。”相反，二元论者认为观念论者被理性所误导了，经过错误的推导而陷入了迷误。既存在物质实体也存在精神实体。前者并非完全如其自身向我们展现的那样，因为我们认识的局限已经极大地改变了它们的表象。同时，并

非一切关于它们的不同描述都是透视的；并非所有一切都源于我们的局限和狭隘的视角。关于它们所达成的共识倒是引向了一致性的共同根据，这一根据外在于我们，是一致性的原型。他确实承认感觉只是偶尔是错觉，并非感官确认的一切都仅仅是错觉。他更相信感官里的大部分都追随灵魂积极的思维力量，因此是真理。 145

观念论者说："在心中我有一个可思维和可被思维的实体的直接概念，因为我知道我实存。我有一个其它实体的充分概念，这些其它实体也可思维和可被思维、表象和被表象、能够与我一同存在和现实存在。但是对于如下实体，我为自己构建了一个什么样的概念呢？这种实体仅仅具有物质属性，无法自己思维而只能被思维。"

"所有这一切，"二元论回复道，"仍然没有向理性提供否定它们实存的任何根据。正如存在可思维和可被思维的实体，正如存在一个我们所有人都承认和信仰的唯一的至高存在者（他只能思维，而无法在他的无限之内被任何他者思维），同样从另一角度说，存在外在于我们的实体（它们是感性知觉和思想的原型，自身不具有表象）；存在只能被思维而无法思维的物质存在者。"

"然而，"观念论者问道，"被您归于这一实体的是何种属性？难道您归于它的所有感性属性不是发生在您自己之中的单纯变形吗？譬如您说物质是有广延的、是可运动的。可广延和运动不仅仅是感性概念，不仅仅是你所意识到的表象能力的变化吧？你如何能够从自身转置这些属性，将它们归于被认为外在于你的原型？”

“若这就是症结，”二元论者答复道，“那么它更多的是存在于语言之中，而非事物本身。若我们说此物是有广延的、可运动的，那么这些语词除了以下绝无其它之意：此物具有这样一种特性，即它必须被视为有广延的和可运动的。根据语言和概念，作为A和被思考为A是同一的。因此如果我们说物质具有广延、是可运动的、是不可入的，我们当然仅仅是在说存在着外在于我们的原型，它们将自身在每个思维的存在者之中展现为有广延的、
146 可运动的、不可入的。”

“然而，我们从未想过将这些感性概念或现象，也就是对物质的描述，转变成物质本身。我们具有的关于具有广延的、可运动且不可入的物质存在者的表象并不是我们软弱和无能的结果。这一表象大部分源自我们灵魂的积极力量，它为一切思维的存在者所共有，因而并不仅仅是主观的，相反它是客观的真理。”

第七章　续篇：观念论者与二元论者之争。真理冲动与许可冲动

在上一演讲中，我试图厘清唯心论者（Spiritualisten）与二元论之间的冲突，向您揭示最终出现的细微差异。观念论者的拥趸将所有感官现象都视作心灵的偶然事件，否认这些偶然事件作为性质附属其上的物质原型存在于心灵之外。相反，二元论认为：在这些您称之为灵魂的偶然事件的感性现象中，我发现不同感官、不同的人、甚至人类与动物之间都如此频繁地协调一致，以至于我顺理成章地认为这种一致的根据并不在于我自身而在于外在于我的某物。作为发生在我之内的偶然事件，感性现象是对在我之外的某物的描述，它们就像所有从某种特定视角所做的描述那样，固然带着某些视角，但并不会因此丧失真实性。物质的原型包含真理和所有这些描述的一致性的根据。它在我们之内引起广延、运动、形象、不可入等诸如此类的表象。因此，这一原型自身就是有广延的、可运动的、不可入的，且呈现
出某种形象。若是有人想从“广延”“运动”“不可入”这些表 147
述中琢磨出言外之意，那么他就是心甘情愿遭受蛊惑，被空洞的语词引入迷误。

最近，一位与我在这个问题上缠斗的唯心主义体系追随者说：“难道不是您自己制造了这一语言的混乱，还想把我们卷入其中吗？所有您赋予这一原型的属性，您自己已经承认了，只是灵魂的偶然事件。可我们想知道的是这个原型是什么，而不是它可以做什么。”朋友，我回复道，如果您纠结于这一点，那么在我看来你想要知道的东西绝对不是认知的对象。我们不仅仅是站在人类知识的边界，而且是站在一切一般知识的边界；我们想更进一步，却不知道走向何方。如果我告诉了你某物所做的和经历的，就不必进一步问它是什么。如果我告诉了你用何种概念来理解某物，那么再对“这一自在和自为的物是什么”做进一步的追问就不可理喻了。因此从这一点开始哲学家们陷入这类问题庸人自扰了很久，这些问题根本无从解答，因为它们包含的是毫无意义的空洞语词。故如若无神论问，“那么到底什么是神？”让他看看神做过什么，告诉他创世的辉煌磅礴，以及其中包含的一切美和完满。向他说清楚神产生了所有这一切，并且是非常智慧地产生了，告诉他神依照智慧和善的法则维持和掌管着所有这一切，他将在每一粒微尘发觉这一切的踪迹，正如他将在自己身上发觉一样。但是所有这一切都不会满足他。他会紧逼着再问：“那么何为神自身？”

我继续说道，回想一下，那些将所有单纯的精神存在视为幽灵的唯物主义者，曾经自以为用一个类似的问题就可以把我们
148 逼入死角。“那么究竟是什么？”他们通常会说，“这个既无大小又无形象、既无颜色又无广延的单纯的精神存在是什么呢？”引领这些唯物主义者返回自身，使其关注自己在思考和感知、欲望

与憎恶、行动和承受时自身之中发生了什么，终将徒劳无功。所有这一切都无法满足他，或是消解他关于如果不属于肉身灵魂将是什么的追问。他从不反思下面这个事实：对于身体，除了它的活动和承受，我们无法知晓更多；对于某物，除了它的活动和承受，我们不能对它做进一步的思考。

我继续说道，我将拿起我们共同对抗唯物主义者的武器，来抵挡您的攻击。什么是所有那些存在于偶然事件之外、出现在思维的存在者中的感性属性的原型？我的回答是：必是不可询问之物，因为它应处在概念之外，所以不存在这个问题意义上的知识的对象。你在探究实际并非概念的概念，故矛盾的出现可想而知。这里我们正站立在知识的边缘，我们想再踏出的每一步，都将跌入漫无目的的虚空。“让我们在这里打断一下”，我的这位哲学家答复道，“我怕到最后，唯物主义者、观念论者和二元论者之间的纷争沦为单纯的唇舌之争，更多地是语言学家而非思辨哲学家之间的纷争。”

61

对此我根本不会感到诧异。这绝不是第一个这样的争议话题，蜚声在外引得众人分门别派，甚至彼此厌恶讨伐，到头来却仅仅只是语词上的分歧。语言是抽象概念栖居与呼吸的要素。概念可以在这一要素中迁移地点变个花样，但它们不可能背弃这一要素而不使这种精神陷入危机。

由于我在这里演说的目的，是展示关于神的讨论需要初步具备的知识，若是我不必触及下文可能会用到的另一方面，那么我就已经可以在此收尾了。直到现在我们关注的仍旧只是知识的真假。然而真的知识通过它们在灵魂之中激起的满足或不满足，区分彼此。美、善、崇高都是被灵魂欢愉地欣然领悟。相反，丑、恶、缺陷则引起不适与反感。

人们通常倾向于将灵魂的能力划分为认知的能力和欲望的能力，倾向于将愉快与不快之感看作是欲望能力的一部分。然而在我看来，认知与欲望之间，存在着实际上始终不沾带欲望的灵魂的许可、赞同和满足感。我们对自然与艺术之美进行深思，满心欢愉怡然自足，不夹杂一丝一毫的欲望。美被人带着宁静的满足感审视，使人心神荡漾，尽管它并不为我们所有，甚至没有占有它的欲望，这似乎更像是美的典型特征。只有当我们审视美时联想到了自己，并将对美的占有视为一件快事，欲望才首次在我们内心燃起，要拥有美，要唤来美，要占据美：这一欲望显然有别于对美的享受。可是由于这一占据与自我的关联并不总是发生，即便发生了，也并不是始终都能在美的真友心中激起贪婪的占有欲，故美感并不是始终都与欲望束缚在一起，因而无法被视为欲望能力的表达。只要涉及审视同一对象的倾向，就我们的注意力通过满足感产生了这一倾向而言，如果有人无论如何都想将此称作欲望能力的结果，那么原则上我将无言以对。
150 然而，对我来说更为妥帖的做法是，给灵魂这种满足与不满足感拟一个特定称谓，它无疑是欲望的种子但还不是欲望本身，需要将它与欲望之名相关联的心灵骚动相区分。在下面，我将称其为**许可能力**，以便以这种方式将之与真理的知识以及对善的渴求区分开来。可以说它是从认知到欲望的过渡，而且它通过渐变将这两种能力结合得如此完美，以至于只有处在某种特定的距离才能被察觉。

我们可以相应地从不同方面考察灵魂的知识。既可以就其真假来考察，我将此称作知识的**质料层面**；就其激发快感或不悦，或产生赞同或分歧的结果而言，则可以被称为知识的**形式层面**。因为通过这种方式，知识可以与知识相区分，真理可以与真理相区分。

知识的质料层面不存在任何的等级。一个概念不可能比另一个概念更真或更假。如果真理始终是灵魂思维的积极力量的结果，那么多和少的比较将无法在此立足。真理可以与一种永恒不变的量相媲美。它是一种不可分割的统一，要么作为整体出现，要么根本不出现。因此，甚至在我们的语言中形容词“真”都极少容许比较存在。比较级形式“更真”正如最高级形式“最真”一样不同寻常。

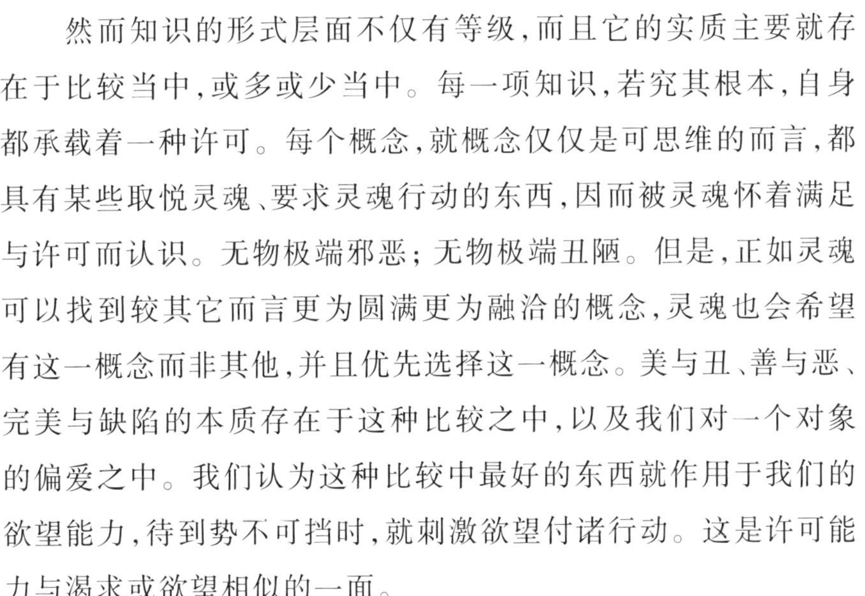

然而知识的形式层面不仅有等级，而且它的实质主要就存在于比较当中，或多或少当中。每一项知识，若究其根本，自身都承载着一种许可。每个概念，就概念仅仅是可思维的而言，都具有某些取悦灵魂、要求灵魂行动的东西，因而被灵魂怀着满足
与许可而认识。无物极端邪恶；无物极端丑陋。但是，正如灵魂 151
可以找到较其它而言更为圆满更为融洽的概念，灵魂也会希望有这一概念而非其他，并且优先选择这一概念。美与丑、善与恶、完美与缺陷的本质存在于这种比较之中，以及我们对一个对象的偏爱之中。我们认为这种比较中最好的东西就作用于我们的欲望能力，待到势不可挡时，就刺激欲望付诸行动。这是许可能力与渴求或欲望相似的一面。

此外，知识的质料层面将可思维之物与不可思维之物，现实

之物与非现实之物分离开来。谬误,作为思维能力的局限的结果,不仅不是现实地存在,而且在某些特定情况下不可思维。然而,知识的形式层面的事情就大相径庭了。只有最高程度的丑与恶不可思维且无法现实地存在。但是它们的每一个等级,不但能够以同等的真理性被思维,而且可以在某些特定情况下变为最完善者并实现现实性。谬误仅仅只是否定,无任何踪影可寻。但是丑与恶,就它们仅仅是在比较之中得到命名而言,能够现实地存在,不过我们以后将会明白只有基于一个条件,即在某处在某刻也就是处于确定的时间和空间之下,它才会通过比较变为最完善者。

我将再向您指出知识不同层面之间的差异,这一差异在我看来似乎产生了重要的后果。我们从心理学得知,认知能力与许可能力这两种能力是同一个灵魂力量的表达,虽然它们所追逐的目标各不相同。前者源自物,止于我们,而后者逆其道而行
152 之,源自我们,止于外在之物。我会对这一点进行解释的。

任何一种单独力量自身都裹挟着一种意图,就是或在蕴含这种力量的实体本身中,或在所谓的受动的外在实体中,将可思维的偶然事件变为现实。知识冲动属于前一种。它预设真理永恒不变,并试图使灵魂的概念都符合真理。它行为的目的是客观真理,进而在思维的存在者内将这样一些符合这一真理的谓词变为现实。借助于对真理的冲动,我们试图使知识与永恒真理协调一致,而无须涉及满意与否。这并不属于许可冲动的表达,这一冲动被激发时,其目的并不在于我们,而是在于我们之外的事物,而且在同样一些事物当中,它继续将那些与我们许

可、满足感以及愿望一致的谓词变为现实。前一种冲动想要根据事物的本性来重塑人类，后一种冲动想要根据人类的本性来重塑事物。

基于这一相当引人注目的差异，我认为我可以解释很多现象，如若不然我将举步维艰。人类怎么会同时迷恋真相与虚构呢？这样相互冲突的爱好怎么会出现在同一主体之中？此刻真理还比他心灵的宁静，比他的生命更珍贵，下一刻他就耳根发软，任由自己被最愚蠢的童话故事迷惑，内心波涛汹涌，躁乱不安。他像热爱真理那样渴望时不时受骗。 153

对我而言，这似乎依赖于我们对各种知识抱有什么目的。我们要么想激发知识冲动，从而使它臻于完满，要么对许可冲动怀着同样的目的。若是前者，那么真理就是我们希冀的目标，任何其它的思量，不论对我们来说多么珍贵重要，都必须抛之脑后。我们想要知道物怎样构成，而不是知道我们希望物是怎样构成的。几何学家不会为了照顾我们失落的情绪，而牺牲证明的任何严谨性。史学家不会为了迎合我们的爱好而虚构场景。倘若我们是寻觅真理，那么只有真理才能使我们心满意足。

相反，若是我们致力于调动许可能力并由此使其日趋完满，那就是另一回事了。正是在这一方面，人们会沉迷虚构。他重塑事物，使事物合乎自己的爱好，使其中的满足感与不满足感处于和谐的游戏之中。他不想被指引，他想要被触动。因此，他迫不及待地让自己陷入迷惑，容许事物被展现为现实存在的，这违背了他更好的信念，违背了真理。只要他仅仅倾向于沉浸在这种迷人的方式当中，他的理性就始终沉寂无声。

不管何时只要我们关注事物本身及其现实性，我们就抵挡住了一切错觉，致力于追求真理，不论这些错觉多么使我们心花怒放。听闻惊天噩耗的一点风声，我们就逼迫着自己相信，哪怕明知这只会让我们撕心裂肺。守财奴可能再不会挖起他埋藏的宝藏，那他该是有多么杞人忧天才会只要有一丝遭窃的忧虑浮现就急急忙忙去查看。他本可以沉浸在幻觉之中怡然自得，该是有多么鬼迷心窍才会跑去确证事实！——有个人相信他的友人安然无恙地生活在美国，并为他感到高兴，或许都不抱希望
154 能够再见，可这时却收到了友人在美国奄奄一息的噩耗。从那时起他就无法流连在这个幸福的幻觉里了；他迫切渴望具有说服力的确证，哪怕他唯一能预料到的是他肯定会悲痛万分。“灾星”，妒火中烧的摩尔人对着苔丝狄蒙娜的毁谤者说道，“灾星，拿出证据！给我苔丝狄蒙娜失节的真凭实据，不然你将后悔降临这世间！哈！只要我相信她对我的忠贞，我就会快乐如初。或许她对邂逅的每一名侍卫都这般搔首弄姿！我知道不会的，我曾经对此坚信不疑，曾经如此快乐。而你放出一条毒蛇钻入我的胸膛！给我真凭实据，不然你将渴望从未见过阳光！”[①]在他狂暴的歇斯底里之中，他意识到自己心灵的宁静仅仅取决于一个观点，而且，如果他能沉浸在至爱忠贞的幻想当中，他就可以无忧无虑。然而他意识到这并不可能。他的冲动旨在事件真相，而不是观点。他渴望的目标在他之外，存在于客体当中。苔丝狄蒙娜不应该仅仅好像是纯洁的，她应该就是纯洁的，如若不

① 《奥赛罗》第三幕第三场。——原注

是，那么他就会相信她的不洁，陷入痛苦。

亲爱的朋友们，我希望我们当中没有谁会有一刻贪生怕死，而愿去，比方说，纵火焚城，或是单纯因为心肠歹毒而将一群无辜青年引入屠杀营。但是如果这样的恶魔现世，且无法改变，那么我们每个人都会难以克制自己的欲望而踏上征程，即便可能此去艰险万分，仍然要亲眼目睹千疮百孔的城和尸横遍野的战场。这将如何理解呢？基于我们现在的考察，即便是这种情况，也能轻易地得到解释。只要某物是否现实地生成要取决于我们，它就是我们许可、评判的问题，而且我们实际辨认出恶时压制恶。一旦恶出现了且一发不可收拾，它就不再是我们许可能力 155
的对象了，从那时起开始激起我们的知识冲动，这种冲动只想知道事物如其所是的样子，而非我们希望或偏爱它们是什么的样子。只要我们还能行动，善就是我们意愿的对象，最完善者就是我们实践意志的对象。我们想要做我们视之为善的一切，我们切实在做我们视之为此刻最好的事。可是，只要我们无法根据意愿改变事物，那么除了满足知识冲动，体验真理，我们别无选择，尽管这将包含我们最大的不幸。简而言之，**人求真、向善、致美，想往善的一切，做最好的事**。

第二部分

关于神之存在的科学学说概念

第八章 探索的重要性—论巴泽多[①]信仰义务的原则—公理

我的孩子们，真理的探索者们，当我趋近目标的时候，当我现在计划与你们一起探索**神及其属性的学说**的时候，鉴于我与你们一起工作的习惯，我发现自己陷入了一种不能向你隐瞒的窘境。

我应该完全按照我深信与认同的方式，向你们展示这一学说的重要性以及它对人类幸福与宁静的影响吗？确实，就我而言，如果我不相信这一真理，生命将于我索然无味，幸福本身亦将毫无乐趣。以我现在的思想与感觉，我只有将我在风和日丽
的岁月里的所有欢欣都归于这一信念，如果你曾目睹我面对人 156
生的不堪仍处之泰然，那仍旧是，我仅仅拥有这一个信念，这种处之泰然只归于它。没有神，没有神意，没有不朽，生活中所有财产的价值在我眼里都粗鄙不堪，而尘世生活在我看来，用一个众所周知且常被误用的比喻来说，就像是徒步行走在暴风和恶劣天气之中，而且没有在夜里寻得栖身之地的慰藉。或者，如伏

① 巴泽多（Besedow，1723-1790），德国哲学家，教育学家。——中译者注

尔泰所言，没有可以慰藉的前景，我们都在逆流而上，不得不无止境地与波涛缠斗，而没有靠岸的希望。

如果我试着把你带入这一思维框架中，那么我就有可能会扰乱一种平衡状态，若要探究真理，我们就必须将自身引入这种状态。我们的倾向改变了真理之根据的分量。我们从结果中获得的利益有时增加了根据的分量，有时又减少一些分量。在涉及我们自身的事情时，秉公执法是很困难的；可从另一角度来说作为其中一方，一旦法官开始心生疑虑，也很难为其中一方的我们伸张正义。一切都取决于我们自身所处的心情。在欢乐高兴的日子里，我们很容易心满意足。我们相信我们所希望的。相反，在忧思哀伤之时，我们更倾向于相信我们所恐惧的。在我们必须将我们的案件提交给理性的法庭面前时，理性的亚略巴古[1]不应按照爱好而应根据真理的严格性权衡各种根据，做出判断。

巴泽多曾经试图把一种新的知识原则引入哲学，他称这种原则为**信仰义务**。他说道，如果存在一种定理，它与人之幸福如此紧密关联，以至于离开这一定理的真理就无法产生那种幸福，人们就有义务断定其为真，并予以拥护。然后他尝试证明若不
157 存在神、神意及其不朽，人之幸福就无从谈起。他认为通过这种方式他已经对这三种鼓舞人心的学说做出了充分说明，并且经得起任何拷问。

由于在诸多情况中体现出的简洁性与有效性，这种方式看起来非常可取；它越是可取，在谈论至高存在者存在时它就越是

① 指古希腊的最高法院。——中译者注

无力。总的来说，涉及意见，我不承认任何义务，若真理本就应该与非真理相区分，就无所谓责任。如果有人将许可的根据视作知识的根据，并认为那些心之向往的美好事物为真，那么他似乎混淆了灵魂的两种能力，而我们在之前的论述里已经如此仔细地区分过彼此。我们在对初步知识的阐释中看到，许可能力始于我们自身，意在我们力图根据自身意愿重塑的对象，认知能力则相反，它始于对象及其客观真理，并致力于使我们的思想和表象与之契合。如果我们将单纯得到许可的东西当作真，如果我们相信并假定我们渴求与希望的东西为存在的，那么这显然是错误地从灵魂的一种能力跳跃到了另一种能力。

义务与责任只涉及许可事物的能力。我们有义务追寻幸福，远离任何与之背离的事物。相反，关于知识，我们除了探索的义务，再无其它义务。探索真理是一种自由意志的行为，这种行为被关于善恶的知识所掌控，因而能分辨出伦理的必然性，允许义务存在。但是认知和假设并不依赖于我们的意愿。假设的必然性不是伦理的而是物理的必然性。我们认可那些被知为真的东 158
西并非因为我们想这样或应该这样做，而是因为我们确实别无选择。

在这种情况下，如果我们事先由于其它原因已经接受至善的存在者存在与命由天定这一事实，那么巴泽多先生为知识提出的根据就是可以采纳的。若全善全智的存在者真的缔造了人类，那么由于它永恒不变的属性，除了幸福，它绝不会在我们身上规定其它。如果人类无法永恒地持存，这一幸福将无法存在，那么，人的殒没就与神公认的属性相冲突，人们也就能够基于合理的根据推断人的灵魂不朽。而且所有真理的特性也将如此，关于真理我们可以证明，失去它，人类将无可能获得幸福，神将无法拥有那些我们确认为现实性的属性。只有在这一种情况下，许可的根据才能同样成为知识的根据。至善的存在者依照其全知许可与创造出来的至善、最完满的东西只能是其意志的对象。可如果我们讨论的是至善存在者自身的实存，那么认知的根源就与许可的根源分道扬镳了。每一个原则都顺着自身的道路前行，指向不同的目标。如果我们习惯了用“认可”来表达二者，也就是表达对善与美的许可，对真理的认同，那么这就是哲学家应该予以警惕的语言模糊性了。

因此，如果我们想要在眼前至关重要的探索中确证真理，那么我们就一定不要考虑结果中可能的风险，并防止我们的意愿
159 对信念产生任何干扰。为了达至数学家的自明性，我们必须尝试效仿他们的沉着冷静。虽然不论结果如何始终都永不为所动，但如果几何学家确实获得了一种颇具说服力的确定性，他就会奉上百牲祭。他只希望能够做出必然的假设，而不是因为他想要这样假设而假设。当然，对真理全心全意的爱对他来说并非如此艰难，因为这无需他耗费任何力气去克服一种反向冲动，无需自我否定。结果完全不会改变他的幸福观，只要能够宣称“我破解了答案！”他就已经得偿所愿。相反，眼前的情况是，我们所有的幸福感都建立在研究的结果之上。如果它无法与幸福感协调一致，我们就会瑟缩在真理自身面前。任何一丝疑虑都可能打破我们的宁静，颠覆幸福的整个体系。谁能心如止水地看着指针摇摆，若是它的结果关乎生死？谁能保证在剖开挚爱的

儿子血肉之躯查找病灶时手不会颤抖？感谢上苍，是它一次又一次赋予真理的朋友以精神的力量，牺牲了自我，否定了自我，以检验他们的幸福建立在其上的论断！他们竭尽所能，就为了引起疑虑扰乱自身的清净，就为了提出异议驳斥既定的定理，他们可能会因为这些异议而在这尘世间受尽折磨。若没有这些为真理做出的牺牲，关于真理的一切知识都将很快沦为偏见和盲目的信念。如果我们辨认的真理想要有任何价值的话，那么我们就必须锲而不舍地唤醒探索精神并予以坚持。比起没有知识的探索，未经探索的知识有时候导致的后果要严重得多；或者更确切地说，一旦对一命题所基于的根据的进一步检验未被认为是必要的，这一命题就被当作确定的并广为流传，那么，它就不再是关于真理的知识。诚然，探索精神引起的疑虑确实偶尔会导致对一切基础原则的否定，并且时常荼毒人类的伦理生活与
行为。但是真理自身被探索过程中的倦怠扭曲成的那些偏见，160
未经检验我们就妄下定论所凭借的盲目信念，将会导致迷信与狂热，这二者对人类幸福的危害绝不会更小。无神论与迷信，绝望与狂热，都是灵魂的疾病，很可能会恶化为道德的沦丧。通常神意为了身体的康复开出以毒攻毒的药方。因此我们冷静听取每个迎面而来的质疑，欣然接受任何异议，即便它可能将我们的整个体系碾得粉碎。按照事物的自然循环，真理流向宁静，宁静流向颓靡，而颓靡又流向迷信。若是怀疑精神与明察秋毫的精神都被激发，从而通过对一切基础原则的反叛，从而原路折返复归真理，那是神意的仁慈。

如果要以行之有效的方式提出一些具有说服力的根据，那

么这就只会出现在揭示自然宗教的真理时常用的那些方法中，那时人们寻找真理的意愿并没有那么强烈，并不像传布一个已被寻得的真理、并赋予其生命与力量以感化世人那般努力。始终为我们所需的原理，应该始终触手可及，应该始终作用于我们的倾向、冲动以及激情，一刻也不可松懈。因此，某种程度上通过说服力，它们必然已经深深嵌入灵魂的根基之中，并转变为一种直接性知识，这种知识固然尚未达到数学证明的自明性，可其具有的力与效果已超越后者。接下来我将趁此机会详尽描述这一类通常的知识的局限与功能。目前，我们想要试着探究，基于反思神的实存所采用的科学方法，究竟能在多大程度上趋近数
161 学家的自明性并获得科学的确信度。这里似乎已经可以从我们目前所做的探讨中自然而然地得出一些公理。我建议您对它们进行严谨的推敲确认，以便之后我们能毫不犹豫地拿来使用，而且只要情况需要就可以引证。

公　理

I

为真之物必须能够通过思维的积极力量，被确认为真。

通过以上论述这已经相当明晰，而且这对于概念、判断与推论同等适用；对于理性事实，对于经验事实也同等适用。

若是存在至高的理智，那么它必然以最高程度的自明性认识每一条真理。其余一切理智的存在者，在不排除接受知识中

的谬误与错觉的情况下，依照其能力的尺度认识真理。

Ⅱ

若某物的实存无法被任何思维的积极力量认知，那么它并非现实地存在。

我们假设A是灵魂中的一个概念，那么，某物就其是思维的存在者中的一个表象而言，具有理想的实存。也就是说，它是思维实体的偶性，是思维能力的变化。如果没有任何理智的存在者能够借助其思维的积极力量获知这个A具有现实客观的实存，那么它的所谓的客观现实的存在就是一个非真理；不是谬误就是错觉。

Ⅲ

若某物不存在对任何有理智的存在者而言皆不可理解，那么它现实地存在。

它不存在将必然是一个非真理，即谬误或错觉。因此，若证明了某个可思维的概念A失去了真实客观的实存就变得不可思 162
维，那么也就同时证明了它必然是客观现实的。

Ⅳ

若命题“A是B”理应为真，那么凭借思维的积极力量，辨析出主词A与谓词B之间的关联就必然是可能的。

Ⅴ

这一关联基于关于主词A的知识的质料层面或形式层面。

谓词B被归于主词A的根据要么存在于主词可思维或不可思维的特性，要么存在于主词善或恶、可欲望或不可欲望的特性。

Ⅵ

若现实实存被确认为属于概念A，那么A现实地存在，这要么是因为除非采纳这一谓词，否则它将变得不可思维，要么是因为若非如此它就无法成为许可与认可的对象。

就真理或知识的质料层面而言，我们的力试图将符合事物客观特性的谓词植入我们心中。就善或知识的形式层面而言，我们的力则意图在该力的客体之中、在同一可思维的谓词之下使最完善者变为现实。这在之前已经足够详尽地阐述过了。因此，若一个思维的存在者想要辨别并宣称命题“A是B”为真，那么这一知识或论断所基的根据要么存在于概念A的可思维性中，且为永恒的必然真理（A存在着因为A是一个真实的概念），
163 要么存在于知识的形式层面，存在于A的特性中，由此成为许可的对象，从而能够被自由因所眷顾、所创造。

Ⅶ

可由此直接推导出的是，若命题“A不是B”与“A是B”恰恰一样可被思维，那么“A是B”为真，仅仅当它成为最完善的，且出于某个原因可以通过选择权获得许可并被赋予现实性；或者换言之，在这两种同等可思维或可能之物之中，只有最完善的那一个能够成为现实。

若概念A不论有无客观实存皆可思维，那么其实存的根据不在于知识的质料，而在于作为善与欲望的形式特性。这一特性或者说它的善与完满，要么永恒不变，要么视特定情况和条件而定。前一种情况，命题就是普遍的永恒真理，是自然的法则；后一种情况，因其归属于最完善的，所以它只能在某些特定情境下于某时某地使自身成为最完善的并获得现实性。个别历史事件就属于这一种，只在这里或那里、恰巧在某一地点和时间发生的新闻也是如此。比如，如果物体既可普遍地具有重量，亦可普遍地没有重量，那么命题“一切物体都有重量”只有在不涉及时间地点的情况下，在它以这种而绝非其它方式被确认并且被许可为最完善者的情况下，才能为真。这使得重量成为自然的一种普遍法则。然而如果在特定时期发明了火药，那么这项发明在当时那种时空条件下成为最完善的，其根据必然包含在时间与当时现实存在的事物这二者的整体之中。这二者都是偶然的真理，但是前者是偶然的永恒真理；后者则相反，是出现在特定时期与地点的偶然的、时间性的真理。那些被以其它方式思考且在任何情况下都无法被视为相对完善的，同样在任何情况下都无法变为现实并显现自身。在知识的质料层面或形式层面，它都没有实存的根据，因此其对立面作为相对完善的一方，反而将不得不被确认为属于主词。

164 第九章　纯粹与实用的重要学说的自明性—与神之存在的证明的自明性相比较—证明的不同途径

纯粹数学依照思维法则或人们常常说的“先天”来证明其理论,无需借助经验和感性知识。这种证明的力度依赖于概念的清晰。人们分析概念A,找到其特征与谓词B的概念之间的必然联系。这便形成了一个肯定命题(也就是A是B,B包含于A之中);从概念A中排除谓词B,则形成否定命题。但是根据可思维之物的法则,这二者都只能断定概念间的联结或理想的存在者。

只有在一定的条件下才能将数学家的命题应用于现实的外在之物上。外在于我们的现实之物正如概念的理想本质一样,依赖于可思维之物的法则。在思维中不可分割的事物同样无法被现实实存分割,不能被同时思维的事物也不能同时现实地存在。因此,预设了现实性,数学家的所有命题也就可以放心地运用于现实存在之物上。若主体现实地在场,肯定命题归于它的谓词必然客观地属于它,正如否定命题的谓词不可能现实地归
165 于它。

然而，如果实际的使用与应用由这些具有条件限制的定理组成，几何学家就必须通过感性知识说服自己相信主体的客观实存，以便能够确定地说明主词的谓词。他的纯粹理性知识最多只能让他得到一些具有条件限制的命题。如果一个形状是三角形，那么它就拥有三角形的属性；如果一个球体现实存在，那么它从每个侧面都会投下相同的阴影。可一个人眼前的形状实际是一个三角形或眼前的物体是一个圆球，则必须通过感官的验证。几何学家以之进行其科学活动的确定性，已经不再是理性的纯粹自明性所具有的确定性了。确切地说，它掺杂了感性知识的可靠性，而感性知识的自明性在特性上不同于纯粹理性的自明性，尽管这不会破坏它的可靠性。在之前几个小时的探讨当中，我们已经对这些不同类型知识的自明性所具有的本性与特性进行了细致阐明。

我认为在关于神的学说中，存在着可经受住一切严谨科学方法的思辨部分。同样在这里，凭借纯粹数学的自明性，概念可被拆分并分解为它们最单纯的特征与关系。但是这里，应用于现实实存也会是有条件的。如果必然之物存在，那么它就必然有它或此或彼的属性；如果偶然之物（根据预设的定义）存在，那么它自身中并不具有其实存的根据，诸如此类。

人们发觉，这一切，正如纯粹数学的定理的情况那样，就只能止于概念的联结与分离，止于依照彼此从属或相邻的次序对特征进行分析与拆解，便再无法深入一步。然而即便是无神论 166
者也可以在不接受神性实存的情况下，全盘接受这些思辨。你必须说服他接受诸多不同的现实性，然后再寻找从理想国度到现实国度的过渡，以求能够广泛应用你思辨的定理。将概念与实存、现实性与可能性系在一起的纽带在哪里呢？我们应该像几何学家那样信任感官的确证吗，还是存在另一条路可以达至事物的领地？

应对这些问题，可以采取三种不同的途径。首先，人们依赖外感官提供的证据，对它们所确认的东西满怀信心，将一个外在的、感性的世界视为现实，并尝试证明这样一个感性世界离开一个必然的外在于世界的存在者将不可思维；因此，学说的思辨部分所断定的一切命题都合理地通过这一必然存在者而立足。感性世界现实地在我们之外；因此，在我们与世界之外现实地存在着一位神。

依循第二种途径，人们只信任内感官提供的证据，基于其传达的信息，假定我们自身的实存是无可争辩的真理，以此推断出神的现实实存：**我在，故神在**。

第三种途径将这二者即内感官和外感官提供的证据都舍弃了，果敢地从理想国度迈入现实国度。它大胆地证明一个必然的存在者必然存在，是因为这个必然的存在者可以被思维；它从一个单纯的概念推断出真实实存，并标榜自己找到了连接可能性与现实性的纽带。**神是可思维的，因此神是现实存在的**。确实是大胆的一步，因为纵观我们科学知识的所有领域，还从未出现过这种证明的先例——现实性不可能从概念中推演而出。只有在谈及必然存在者时，这样做才可能是稳妥的。有限的偶然
167 之物可以脱离现实实存、脱离真实客观的现实性而被思维；尽管如此，它们仍有理想的实存。必然的、无限的存在者并不如此。

如果它可被思维，那么它必然具有现实客观的实存。预设了实存的前两种途径，被称为**后天**证明；后一种从必然的存在者的理念推断出其实存的途径，则被称为**先天**证明，这种证明的可行性仍不断遭受各路哲学家的质疑。

后天证明与应用几何学家的方式存在亲缘关系。正如后者基于外感官提供的证据假定了其主体的现实性，并从中推断出谓词的现实性，若是没有这些谓词，主体便不可思维，在这两种**后天**证明中，一个流变世界的实存或一个变化的思维的存在者的实存都是基于外感官或内感官提供的证据而被设定，由此永恒的必然存在者的现实实存就被推断了出来，因为若没有永恒的必然存在者，流变之物则不可思维。如果这一点毋庸置疑，人们就应该相信，哲学家的证明已经具备了应用几何学家那里的可靠性与明晰性。现实的感性世界在我们之外存在，世间的一切并非一成不变而是处于流变之中，我们自身是变化不息无法始终如一的思维存在者：有谁曾真正质疑过这些事情——有谁会更不相信这些事情，而更相信应用几何学家预设的三角形或球体的实存？因此，如果“没有永恒存在者的实存流变之物不可思维”这一说法成立的话，那么关于永恒存在者的实存便得到了不容辩驳的证明，而学说的整个思辨部分则得以可靠地应用于其上。

同时，你们都知道这些预设似乎不容置疑，但并未被所有哲学家接受。形而上学家并不惧怕否定健全的人类知性永远不 168
敢怀疑的东西。观念论者拒绝接受物质世界的现实实存。唯我主义者，若有唯我主义者的话，会否认一切外在于自身的实体的

实存，斯宾诺莎主义者则说“他自身无法自为地持存，而仅仅只是神的思想”。最终，怀疑论者发现所有这一切都悬而未决，都深陷于怀疑之中。我无法相信人们真的严肃地持有过这里的谬论。似乎有人仅仅只是想对理性进行检验，以确认理性是否可以与健全的人类知性步调一致；确认理性是否可以依照可思维之物的法则，不可辩驳地证明健全的人类知性视为确定无疑的东西似乎是直接的知识。有人仅仅只是想把知识的科学领域推进怀疑的泥淖，以此羞辱那些自诩其学说具有纯粹理性知识的最高明晰性的教条主义者。只要理性远远滞后于健全的人类知性，或者甚至完全与之背离，并且有可能误入歧途，哲学家将不会相信自己的理性而去和普遍人类知性发生冲突。相反当没能成功将它引回那条破败之路并与健全的人类知性重聚时，他会禁止理性发声。因此，让我们试一试，看看我们究竟能在多大程度上帮助理性，并基于可靠的根据，取代那些似乎尚存在于此的漏洞。

第十章　寓言式的梦。理性与常识。证明神之存在的根据，以观念论者的体系为参照，以人自身的实存为基础。同样必要时以客观的感性世界的理想实存为基础 169

昨天我以理性与人类知性的观点结束了演讲。晚上又卷入客人关于瑞士阿尔卑斯山脉之旅的闲聊当中。这些思绪在我的想象中交织成了一个几乎带有隐喻意义的梦。我们穿梭在阿尔卑斯山脉间，向导随行，一男一女。男的是一个四肢发达却头脑简单的年轻瑞士人；女的则高挑细致，看上去深谋远虑见识卓越；衣着绚丽非凡，某种状若羽翼的饰物飘舞在脑后。我们跟着向导走了好一会儿，直到行至一个岔路口。在这里他们似乎要分道扬镳了。他匆忙地往右边拐去，她则晃动着状若羽翼的饰物拐向了左边，而我们沮丧地站在路上，不知如何抉择。直到一位老妪步履蹒跚地向我们走来。当距离足够近，我们听得清声音的时候，她说道："愿你们得到慰藉，行路人！你们离开了向导将坚持不了多久。指派给你们的向导名为**常识**和**沉思**；有时他们

会短暂分开，原因往往无关痛痒。如果那些与之同行的人坚决在岔路口等候，拒绝追随其中任何一个，他们就会回来请我解决他们之间的分歧。大多数情况下男向导都是正确的，而且与人料想的情况相反，女向导倾向于听取意见。另一方面，若有时候出现了女向导判断正确的情况，那么男向导这样一个顽固不化
170 之人，绝不会让步。我将最具说服力的理由放置在他面前，他还是粗鄙不堪地冲我狂笑，嘟囔着一些俗气的陈词滥调，仍然自行其是。与此同时，信任我的行路人就会明白自己应该追随的是什么。”“那么请问您的尊姓大名，这位纷争的仲裁人？”我们中的一人问道。她说，“在世间人们称我为**理性**；在天堂……”——这时她突然被一阵刺耳的喧哗打断。一大群当地居民蜂拥而至，围绕着那位名为“沉思”的女性，而且铁了心要把“常识”和“理性”都驱逐出去。声嘶力竭，怒气冲天，他们向我们逼近，我们惊惧万分——然后我就醒了过来。

坦白说，在我醒着的时候，这条规则仍能充当我正确的向导。每当我的思辨似乎致使我偏离常识的主干道太远，我就安静地留在原地，尝试确定自己的方位。我会回望自己是从何地启程，并试着比较我的两个向导。经验告诉我大多数情况下常识很可能是正确的，而若是我要离开常识而去追随思辨，理性必然毫不含糊地为思辨辩护。确实，若是要说服我接受常识的坚持仅仅是未经教化的冥顽不灵，理性就必须直截了当地揭露给我看，常识是如何设法脱离真理而陷入歧途的。

如果我们将这条规则应用到观念论者、唯我主义者以及怀疑论者为了攻击物质世界的实存而提出的种种质疑之上，那么

我们会发现他们的理由并不足以使我们完全信服。相反我们可以胸有成竹地推断,通过持续不断的反思,我们会在常识这边寻见真理。然而同时,只要这尚未发生,他们的质疑还是会削弱我们基于常识的证明的自明性。因此,神之存在的第一类证明由 171
于假定了物质世界现实地存在,它们的说服力似乎因那些所谓的质疑而略打折扣,甚至无法企及应用几何学家的步骤中具有的自明性。这会在接下来的思考中阐释清楚。

让我们设想一下,目前几何学家所面对的以及他将其定理应用其上的主体并不具有客观现实性,按照观念论者的预设,它更多地只是一种主观的现象。尽管如此,这仍然没有妨碍应用几何学家信心十足地前行。他坚信自身之中的感性属性和现象之间的关系与联结,和他在纯粹理论中推演的概念之间的关系和联结完全一致。通过那些结论他试图理解单纯的现象,并以特定的形式加以描述。因此,他只能预设与它们相关的感性现象,以求确证结论。这些现象是否具有外在于他的现实的物质客体,感性现象归于这一外在客体的是否也现实地归属于它,对于应用几何学家和纯理论几何学家来说,影响都微乎其微。但是在自然神学中,情况就大不相同了。这里是要推断出一个存在者的客观存在。如果这一推断仅仅基于一个客观物质世界的预设就能够成立,那么无可否认,当务之急就是消除哲学家对于接受这样一个预设的任何疑虑和担忧。通过内感官和外感官的一致性,所有感官的一致性,乃至人类与其它为我们熟知的生灵的一致性,健全的人类知性预设了这样一种客体的现实存在,而且这样假设也非常合理。尽管如此,这种一致还是没能以几何

学的精确驱散这些质疑，没能完全消除质疑的可能性。当然，它们经历了最严格的反驳。但是这种关于现实物质世界的协调一
172 致的主张，基于的是为人类感官或是为一切动物感官所共有的一种感知力的局限性，因而仅仅只是一种错觉，这并非一件明显不可能的事。如果事实确实如此，那么其结论也将仅仅只是感官错觉的结果，因此并非真理。

你从这里就可以看出为什么最缜密的哲学家总是选择第二类的证明。若我们的对话者是完全不接受多元的现实性的唯我主义者，那么不必委屈自己与观念论者一起陷入棘手的研究：我们之中的感性属性是否拥有在我们之外的物质客体——这是只会使争论拖延更久的研究——第二种方式只预设了我们自身的实存，“我”自身的实存。我们直接的诸感觉，如我们在初步知识中看到的那样，具有最高的自明性。主观之为主观，无须承受任何质疑。哪怕是唯我主义者，也必然会接受“我思，故我在”这一推论，其中某些人已经表明了这一态度。所以我可以假定我自身的实存，而不必担忧丝毫的矛盾，若一种永恒、必然的存在者的实存能从可变的存在者的实存中推演出来，那么我对神之存在的证明就具有了一种不可缺少的明晰性。

即使是最坚定的怀疑者也不可能会对“我自己是一个可变的存在者”进行反驳。如果我自己意识到了自己当中的变化，那么这就更毋庸置疑了。就我自身而言，主观与客观相互重合，幻象与真理不可分离。我直接的感觉不可能是单纯的错觉，相反它必然现实地发生在我身上，就我自身来说不可否认，即使于我而言是一种客体。因此，我的实存，连同我的可变性都毋庸置疑。

在这一方面，证明神之存在的第二种方式也比第一种更具
优势。如果依照第一种方式预设了物质世界的现实性，而且通 173
过日常经验假定了其可变性，斯宾诺莎主义者即使承认物质世界的实存，还是会发现在他假定的可变性中掺入了某种不为他接受的任意之物。在他看来，物质世界就其实体而言，是永恒的，不变的。在他看来，只有形式或形式对我们的影响处于变化之中，因此是偶然的。当然，目前无可否认，第一种方式也可以轻易地消除这种质疑。我们自身始终是整体的部分或特征，统归于理应必然实存的宇宙。但是如果一实体的部分或特征皆是可变的，因而是偶然的，那么它就整体而言也必定同样如此。

然而按照第二种只假定我自身的实存的方式，这一结论就要清晰明了得多。我自己直接的内在感觉告诉我，我并非恒久不变。主观来看，内在感觉的这一断定最有最高的自明性，倘若将我视为客体，这亦是一个客观真理。凡视自身为可变者的人皆是如此。

如果我是可变的，那么各种对立的谓词都可以与作为主体的我一同被思维。如果我从内心意识到刚才我站着现在我坐着，那么两种相反的命题“我在坐着”与“我没在坐着”，“我在站着”与“我没在站着”都可以被思维；因为时间序列不会改变知识的质料。一时可被思维，永远可被思维。然而，时间序列可能会改变知识的形式。之前不完善或并非最完善的东西，现在可以随着长时间的一系列事件变为最完善的，反之亦然。之前我认为的最完善的东西，时过境迁，便不再是最完善的了，由此
我现在可以不再认为它是最完善的了。 174

通过阐释现在已很清楚，在时间序列中，各种对立的命题皆变成为了现实，因此皆为真。如果昨日命题“A是B”在这一系列事物中被认定为最完善的而且为真，那么今日，随着漫长的序列、变幻的情境，相反的断言“A不是B”更加符合事物的秩序和完满，因此更具优势。这里你看到的是用一种简单的方式从我自身的实存推断出这一方式从我自身的实存推断出旨在产生并且自由实现最完善的永恒存在者的实存。如果时间无法改变表象的质料层面，而只能变换它的形式，那么我在自身当中知觉到的变化的根据并不在于它的可思维性，而是在于它相对的善与完满。就其作为认识的对象而言，它们将恒久不变。只有在作为许可的对象时它们才会随时间变化而变。但如果善与完满是某物变为现实的根据，那么这就预设了某个存在者如此迷恋善与完满，以至于它们已经成为行为的动机。在后文我会进一步讨论这一方式。

现在我仍然不得不与您分享一位观念论者引我达至的一个观点，这位观念论者将与我在诸多相同问题上发生交锋。他宣称，“如果您认为观念论者不得不放弃了第一类证明，那么您就没有对我们做出公正的评判。事情并非完全如此”，他极力游说我，“尤其是争议的焦点被如此清楚地揭露出来了，如我们最近所做的那样。观念论者也认为，现实世界是现实世界。我们并没有取消梦与醒、想象或虚构与真实的确切界限。哪怕我们之
175 中最目光短浅的人也必然能够觉察到在梦、想象和虚构中，彼此并置、相随的事件与我们清醒时知道为真与现实的东西不属于同一个领域。那些事件完全或者至少在大部分情况下都听从智

力、想象力、虚构等的指令，简而言之，它们遵循的是灵魂能力的法则，这些法则本身对我们来说是主观的。相反，在清醒的状态中，正如您自己非常明确地留意到的，根据所谓的自然法，作为主宰的是事物的因果关系、作用因与结果的联结。这种现实世界的表象为一切表象事物的存在者共有，在每一个这样的存在者中重现，并且伴随着与其理解力以及状况相匹配的变化。在任何一个世界表象中，在居于清醒的存在者内的任何一个世界表象中，都能发现真理和透视法。真理在每个人的心中重复出现，且完全一致。相反，绘画里的透视法则是多维度的，并且切合某种视角。观念论者否认的只是被认为充当这些真实描述的原型的客体的现实实存，因此也就是说，这种原型无法给他提供更多的思考，他无法在灵魂中关于它的描述之外形成任何关于它的表象。同时，在观念论者看来，所有的一切必然能够从这一世界表象产生并推论而出，而唯物主义者与二元论者认为，所有的一切能够从客体的现实实存中产生并推论而出。客体向唯物主义者与二元论者提供的谓词，并不比世界表象向观念论者提供的多。因此，它并未证实任何观念论者无法以同等权利察觉并视其为真的推断。想象一个房间，环绕的墙都镶嵌了镜面，镜面从不同的位置重复刻画着同一个对象的影像。让这些镜面互相争辩吧，它们表象的对象是否现实地处在房间中央，刻画出该影像的艺术家是否也按照各自的远近将它投射到每个镜面之中。它 176
们将如何自行平息争端？作为镜面，它们能拥有并分别获得的仅仅只是对象的描述。若它们能理性思考的话，它们从这些描述中得到的结论，难道不能与从预设的对象的现实实存中得到

的结论完全相同吗？对它们而言难道这必定不是同一事物吗，不是那个它们无法知晓与感受更多的物体，无论它在不在这个房间？”很好，我说，现在让我继续用这个比喻。若这些镜面意识到真理与透视法藏于它们的描述当中，意识到真理重复自身，并完全一致地显现在所有事物中，而透视法则相反，为每个镜面所特有，那么它们进一步的争论，难道不是单纯言语上的意气用事吗？如果它们接受了描述的一致，那么什么东西能够使它们否认一致性之根据的原型？抑或是说，若是承认了原型的实存，那它们还能对真理的这种一致性再要求什么呢？

如果我的朋友只接受我几天前供以参考的公理，那么我将进一步对他施压。我会说：如果承认去除了透视法而又存在于描述当中的真理，在每个主体中不断重复自身，那么它就是表象力的结果，且必然将自身展现在至高的存在者之中，若是真的存在这样一个沐浴在纯粹之光当中不掺杂任何透视法的存在者的话。可如若事实真是如此，那么命题“这样一种原型客观现实地存在”也就是最纯粹最不可否认的真理。

第十一章　伊壁鸠鲁主义—可能性—偶然性。因果序列无终点无开端，往复以至于无穷—永恒，无开端无终点无过程

177

可以采取多种方式思考流变的偶然之物。可以认为它是变化的，也可以认为它是不变的。这两种观点都同等成立。至于思想，则可以将对立的谓词付诸同一主词。A是B，A不是B，这二者都能够是真的或成为真的，尽管同一主体在同一时间不能如此。

然而如果每个这样的命题都同样包含着**理想**的真理，它们又将如何真正地获得**现实性**？是什么将这道准许其成为**现实**真理的旨意忽而授予这一命题，忽而又授予它的反方？有诸多可能性的事物怎么能以一种确定的方式变为现实？

出于**可能性**，伊壁鸠鲁学派如是说；仅仅通过**偶然性**。尽管这一学派并不是对每个问题都以这种方式打发，可我们还是很快来到了它黔驴技穷的地方。因此，我们必须要探究可能性和偶然性这两个语词是否包含对上述问题的答案。

你们知道，我有幸用希伯来语讲授了前几堂课；自那以后，我读到或听见任何其它语言的生僻词，都习惯在脑海中将之翻

译成希伯来语。我发现在这个语言中没有真正可与可能性或偶然性对应的古语词。后辈文人倾向于用来对应的语词,起初更多意指的是命运、神意、际遇,也就是安排我们的命运或无视我们的作为的更强大的力量,因此几乎是偶然性与可能性的反面。神意与偶然性的一致,只体现在缺乏人类意愿或因果作用的地方。这似乎已经促使那些用希伯来语表达希腊语概念的阿拉伯
178 译者,选择意思与希腊语概念相近的语词。其实,“偶然性”与“可能性”这些语词不仅要排除一切人类的影响,而且要否定一切意愿因果作用。这样来看,这些同义的语词似乎也能在德语中得到区分。“可能性”更多地用于意愿的匮乏,而“偶然性”看上去更多地用于作用因的缺席。无意为之而达成的目的是一种纯粹的可能性,而一方并不直接导致另一方相继或并列发生的事件,人们称它们的交集是一种纯粹的偶然性。如果一名孩童挪动了一步棋就盘活了全局,这实属单纯的可能。但这名孩童之后成为优秀的棋手,则是一个偶然事件,那一盘棋局并没有贡献一臂之力。如果我出门并不是去拜访友人却在半路上与他相遇了,那么这是可能的。但是如果这恰好发生在友人需要我安慰或支持的时候,那么这同时是一个幸运的偶然。

使用这些语词,我们实质上就是在否认原因的必然性。通过“可能性”,我们只想取消终极因对行动的存在者的影响,而通过“偶然性”,我们仅想取消事件之间的直接作用,而不否认每个事件依赖于自身的原因序列。当然,只有对所谓的史实、新闻来说,事件的交集才归于偶然性。有些事情在历史长流中只发生过一次,而且或许可能永远不会、至少永远不会再在同一种

情况下发生，它们无需直接相互产生或者甚至不需互相引发就能够交集。可一旦它们出现得更频繁，且总有相同的联结与组合，那么健全的人类知性就已然推测出因果作用，并以此类推。我在第二次演讲中，罗列了一些使我们有权做此推测的理性根据，并揭示了即便是动物感官习惯性做出的预判，也和人类的推 179
测一样拥有同一种根据。就我所知，即便是古人，也很少让自己误入歧途而与人类知性发生如此激烈的冲突，否认或怀疑一切因果性。伊壁鸠鲁过于倚重质料因的必然性，由此认为原子是永恒的。他也承认作用因或发生因，故赋予原子一种创造自然万物的运动。这只是他自以为能够否定的浩渺宇宙的目的或终极因的作用。自然营造的一切美丽、雄伟以及崇高，他都归于偶然性。偶然性将原子华丽的玻璃杯晃成碎片，盲目地四处抛洒，于是令人叹为观止的事物降临世间。如果它们契合终极目的，这便是一种可能。伊壁鸠鲁主义者说，鸭子并不是为了能够划水才脚爪带蹼，反而它能划水是因为偶然性给予它那样的脚爪。同样地，胃并不是为了消化食物才形成那样一种构造，相反它能够消化恰好是因为它是胃；根据这一漂亮的理论其它情况与此类似，不论关于动物身体效用的学说听上去怎样，它一般的表述正与人类通常的感官相一致。拉美特利说：自然对万物的缔造永远不能像它最放任万物的时候那样好；就像画家无法描绘马嚼子的橡胶质感，正黯然神伤，把笔往画布一扔，却歪打正着画出了他极力摹仿的对象。也许这一闲扯听起来荒诞不经，我亲爱的朋友们，您想必也知道拉美特利对这一想法多么自鸣得意，以至于他在所有著作中都反复论述，且他的著作轰动一时，广为

180 称颂。但是我现在并不准备进入目的论。之后我会回到这个问题,现在让我们将目光再次转向生成因。

无可否认,宇宙间万事万物皆有使其成为现实的原因。如若质疑为何在流变之物众多对立的规定性中,唯独这一种规定性成为了现实,伊壁鸠鲁会这样回应:通过最贴近、先行的作用因。这些原因作为流变之物,同样能够以其它不同的方式被规定,并在其自身的作用因中有其规定性的根据,由此无限**向后**递推。至少我们看不到任何可以使我们停下脚步的限定,只要我们谈论的是能够被不止一种方式思维的流变之物。**向前**亦然。万事皆有果,没有什么是完全无果的,因此结果绝不会是无效的。现在就会生出这一疑问:因果的这一无限序列能否自为地存在,而不依赖必然的、永恒[①]的存在者?这一无开端无终点的序列是通过其无限性实现了自我持存,还是在某个时刻必须完全依托于全能者的王权,以便通过与必然存在者建立的联系,成为现实、实现持存?各路哲学家自以为能够证明无开端的序列尽管毫无疑问可被思维,但无法成为现实。他们借助了如下理由。

他们说,无终点的序列,显然无法成为现实,因为它的无止境恰在于它永远无法圆满,在于它必须被不断延长。它的无止境因而永远不会也从未成为现实。始终向其添加某种东西的**能**
181 **力**仍旧存在,因此现实之物绝不会永无止境。同理,他们指出,无开端仅仅只是一种无法成为现实的思想。因为原因序列的长

① 此处原文为veränderlich(流变),应为门德尔松笔误。——中译者注

度可以在脑海中被我们随心所欲地往后延伸，所以我们说它没有开端。然而原则上说，这一思想永远无法实行，无开端就像无终点一样不可能成为现实。无开端和无终点这二者的现实实存要求一种永恒性，这种永恒性永远不会消逝。因此，我们必须承认某种事物的开端无需更远的开端，因此必须承认一个必然的存在者，其实存不依赖作用因，其持续性并不是无开端的时间序列而是**无时间性**，一种本质上不包含开端过程终点的不变的永恒性。只有在偶然的世事中才能认识过去未来。像几何中一切必然真理一样，必然的存在者没有过去未来。人们不能说：**它们曾在或将在**，而只能说：**它们在**。

因此，我们关于无开端的断言并不适用于无时间性的东西。前者必然会在某个地方停滞不前；而后者对进程一无所知。一种流变的实体不可能同时是它可被思维的一切；它的实存就好比在空间以及时间中不断延展的线。永恒必然的实体则同时是它可被思维的一切，它的实存无有增减。它是并将永远是同一个事物。——尽管这些理由似乎一针见血，很多哲学家仍不打算就此善罢甘休，的确，这包含诸多原因。

首先，他们并不认为开端与终点之间的类推完全明晰。即使永恒不可能在未来任何一个特定时刻终结，开端的必然性仍 182
不会由此产生，除非有人过于无聊，想要假定过去能够闭合在时空之中。

因此，人们似乎预设了一个首先应该研究的对象。提出的问题是无开端的序列是否现实存在，人们却在回答中假定“任何无开端的事物都不可能成为过去”。

其次,这类证明使我们陷入对空间与时间之无限的艰涩研究中。就时间与空间的可分性和广延而言,无限者的理念究竟在何种程度上占据一席之地,如果能够占据的话。鉴于其精细性,探讨这样的研究实属艰难。我们绝不提倡在如此松散的土壤上建立神之存在的信念。

最后,他们不认为力的无限与持续性的无限之间的差异已经完全明晰。他们宣称,如果力的无限或必然存在者,不论在什么时候都应该现实地存在,那么为何持续性和广延中的变化之物不能也为无限的,就并非不言而喻的了。如果一切偶然之物,向后向前,都能被解析成因果的无限序列,那么它们何不能在整个现实中被解析为这样一种序列,就并非显而易见。若我们承认一种至高的理智,那么所有可解析的概念都必然在其中被现实地解析。因此,其中每个偶然之物的概念自身也会携带无开端无终点的因果序列,在这序列之中,同一个概念必须依照其本性被解析被展开。于是我们无法完全理解,为何神对于偶然之物所思的东西没有神的话也无法变为现实。他们说道,至少这类证明缺乏那种我们希望赋予神之存在的证明的明晰性。因此,他们尝试提出一种证明,避免纠缠于无开端的序列是否能成为
183 现实,而是从总体上说明无开端的序列无法成为现实,除非通过依附于必然的存在者。下次演讲将着重展开这一点。

第十二章　偶然之物存在于必然之物的充足理由—前者乃某时某地，后者乃每时每地—前者只关乎时空；后者是绝对的最完善者与最完满者。现存的一切即最完善者。神的一切思想就其以最完善者为对象而获得现实性

昨天演讲的最后，我指出有些哲学家并未预设无开端的序列不可能，就从偶然和流变之物的实存中推出必然、永恒的存在者的实存。根据我之前在初步知识中设定的六条基本原则，我们无法以真正有根据的方式断定主词A具有现实实存，除非它与这一谓词相关联，这或是因为它离开了现实的客观实存就不能思考，或是因为它已然在特定情况下成为最完善的，而不得不被许可为最完善的。莱布尼茨主义者将此称作“充足理由”律，并由此宣称现实存在的一切必然拥有一个充足的理由，也就是说，我们必然可以理解和理性地解释为什么它在每一种情况中变为了现实，以及为什么它以这种而非其它方式变为了现实。现

在，就偶然的存在者而言，我们并未在其中发现这一理由，因为它的实存无法基于它的可思维性而被理解。我们同样也没有在它最贴近的原因当中发现这一理由，如果这些原因本身就是偶
184 然的，且无法证明自身的实存。只要情况是这样，这些原因就无法提供任何令人满意的理由，就无法给出任何关于它实存的事实迹象，相反的情况就不会变得不可思维。但如果对最贴近的原因来说这是可以成立的，那么对偏远的原因而言，同样不可能否定它的实存。我们尽可以随心所欲地砌高事物的阶梯，却无法靠近那个给出合理解释的完全充足的理由一步。如若情况是这样，无限的、无开端的原因序列也将不能包含这一理由。问题只是被搁置，并未得到解决。它以同样的强度在同一范围反复地出现。偶然之物的无限序列因而无法将一种定理转化为维系任意一种偶然之物的实存的确定真理。也即是说，无止境回溯的偶然原因的序列，并不包含一个完全充足的理由，可以用来解释为何偶然之物存在而非不存在、以这种方式而非其它方式存在。因此，由于偶然之物现实地存在，那么也必定存在必然的存在者，它自身中包含一切偶然之物的理由，而绝不是反过来说明它自身实存的理由在它自身之外，取而代之的，说明的理由是在自身之中，在自身的存在中，在其内在的可能性中。这些定理详细见述于某些通俗教材。让我们试着借助那些预设的基本原则，以我们自己的方式对其进行说明。

偶然之物的实存不会产生自它们内在的可能性；它们不是因为可被思维而成为现实的，因为那样的话它们就成为绝对必然的了。它同样不会以充分的方式产生自它们最近或遥远的原

因，正如不会产生自一系列无开端的作用因那样，只要这些原因
本身是偶然的，且未排除其对立面。因此，如果偶然之物理应现 185
实存在，如果它们理应以这种而非其它方式现实存在，那么其实
存的真理性的根据就存在于它们对绝对必然因的依赖，通过这
一绝对必然因，它们的对立面或非实存都被排除在外。现在这
一对立面并没有按照必然存在者认知能力而被排除；也就是说，
偶然之物并未现实地存在是因为，它对必然存在者的依赖会导
致它的对立面不可思维，因此它自身将不得不成为必然的和永
恒的。从必然真理中必然地推导出的一切，其自身也绝对是必
然的。因此，偶然之物实存的根据或其对必然存在者的依赖并
不存在于它作为认知对象的属性中。如果情况确实如此，那么
它将不会仅仅存在于**某处**，**某段时间**，相反，它必然会永远保持
不变。因为作为认识对象，它是不变且永恒的。因此它对必然
存在者的依赖更应在它作为许可能力的对象这一事实中寻找。
鉴于其内在的善与完满，它必然将在特定的条件下，**某个地方**，
某段时间，成为最完善者，而且必然因必定已经许可并使其如
此。只有在这一关系中，其永恒性的理性根据才能被给予，它为
何一时以这种方式一时以那种方式成为现实才能被理解。一旦
它以这种而非其它任何方式成为事物序列中最好的，它就会显
现出来。因此，在必然存在者的许可和自由选择之中，存在着偶
然之物依赖于它的唯一的真实根据。只有通过这一许可，一种
偶然之物的实存才能在**某时某地**成为既定真理，其对立面和非 186
存在才能暂时不可思维，因此为假。

但是我们该从何处寻找这一必然存在者自身实存的理由

呢？我们已经说过，在它内在的本质中，在它内在的可能性中；也就是说，它存在是因为它可被思维；它的非存在不可思维，因而为假。如果恰当发展这一概念，我们将会发现一种**先天**证明，根据这一证明，必然存在者的实存可以仅从它是可思维的推论出来。对这一观点的详解我将留与日后某个演讲，目前我基于偶然、流变之物毋庸置疑的实存，揭示出它们依赖于必然因以及这一自由因的自由选择，便已经心满意足。因为由作用因带来的一切，借助他的许可，都只是他选择能力的结果，如果这一选择能力基于洞见与理性根据，选中了最完善者，那么这可以被称为自由选择。我不会允许自己被某种异议误导，这种异议认为自由的意愿本身将因此变为必然，因为当它成为最完善者时，它的对立面必然将以这种方式成为不可能。我很清楚许多哲学家任由自己被这一异议所动摇，因而承认无规定性存在于自由选择自身之中，并让决定性因素不是依赖动机，而是依赖可能。但是我要明确地指出，除了那样一种自由，其依赖的是对最完善者的认识与选择，我对其它自由一无所知，不论是人类的还是神性的自由。洞见、许可与选择这一最完善者的能力是真正的自由，任何悖离这一知识、许可与选择的行为能力在我的概念里，都是名副其实的无稽之谈。如果有人想将这一自由选择的规定性称为“必然性”“强制性”或“宿命论”，只要他并不打算取消存在
187 于事物之中的差别，人们就不必对他横加指责。您尽可以在“必然性”“强制性”“有能力”“无能力”这些不同形式的术语之下随心所欲地安插各种各样的概念。只要存在双重的必然性，一种依赖于真理和非真理，另一种依赖于善和完满，对我而言就

已经足够。前者名曰“盲目”，后者名曰“道德”的必然性。前者并未预设对最完善者的熟知或许可与选择，也并未预设目的或自我决定；相反，对于后者来说，终极因共同成为一种生产的作用因，行动成功只因为其遵循驱使我们、强迫我们的——假使你愿意使用这个词的话——许可和意图。我也是在涉及神的情况时才承认了这种强制性或必然性，如果有人为此想要将我叫作“宿命主义者”，我绝对没有怨言。——回到眼前的讨论，我们进行到哪一步了？

我们已经明确的是，基于对最完善者的自由选择，使这一流变的宇宙和变化的自我成为现实的必然、永恒的存在者必然存在。

对最完善者的选择预设了对它的熟知；因此这一存在者拥有认识能力。同样确凿无疑的是，这一必然的存在者也绝对拥有许可能力、欲望与嫉恨、理性与意愿的能力，因为不论对最完善者的选择或生成离开这些属性都将变得完全不可思维。但是必然存在者的每一个属性必然在最大程度上、不受任何限制地归于它，这一表述见诸浩如烟海的教科书，尚未有人发觉什么值得一提的对于它的抨击。那么我们是不是由此证明了必然存在者必定也具有理智与意愿的最完满的属性？——这似乎显得操之过急了。——让我们回过头来考究那些引导我们至此的理由，看看我们是否能够让这条路更加畅通无阻！ 188

如果接下来这个于我们感官显而易见的命题“感官的世界现实地存在”或（甚至更难反驳的）命题“我自己现实地存在”必然是一个客观真理，那么我作为这一命题的主词，将与作为谓词的实存联结在一起，离开这一谓词我将变得不可思维，就像我存在，连同我的一切个人规定一样，因为任何真理都必须通过思维能力的积极层面才能被认知。现在这种联结的根据无法从概念的质料中找到。情况若是这样，那么我存在则是因为我可被思维。因而我必须保持不变。现在关于我的流变性的主观意识已经毋庸置疑，那么意识到自己流变性的存在物实际上必然也是流变的就是不可否认的。一个直接的意识提醒我，现在的我已非方才的我，但是因为时间序列无法削弱概念的可思维性，之前的我的反面还没有变得不可思维。因此以上命题之真理性的根据不是存在于知识的质料中，而是存在于它的形式层面，不是存在于主体的可思维性，而是存在于它的善与完满。进一步说，该根据并不存在于我绝对的完满中，因为我并不是无限制地拥有它，通过我的主观意识这一限制再一次具有最高的自明性。因此，若命题之真理性的根据能够被找到，那么必然是在相对的完满与某种特性中寻得，正是通过这种特性，我才有可能在特定的条件下，于事物特定的序列中，此地与此时，以这种而绝非其它方式成为最完善者。只有以这种而非以其它方式，我们变化的理性根据才能被给予；只有以这种方式而非以其它方式，某个偶然命题昨日为假今日却为真的原因才能被理解。在时间与空间的任意一个条件下，于**某地某时**，另外的某种东西获得了成为
189 最完善者的资格，并且由此获得了其实存的真理性的根据。现在，偶然之物这一相对的善无法以其它任何方式获得其实存的根据，除非它通过这种方式充当自由因的目的，如此一来便可被后者许可。我实存的根据因而必然在自由因中寻得，这一自由

因于此时此地承认并许可将我归于最完善者的序列，由此转而将我带往现实。这一自由因自身不能是偶然的，如若不然，我们将根本无法理解这一命题。“我自身现实地存在”这一命题结合了偶然之物与实存的概念，其真理性的根据仍需被寻觅。因此最终我们不得不回溯至一个必然的存在者，对于这一存在者而言，这一真理性的根据存在于主体自身的可思维性，而该存在者自身的客观实存并未与可思维性分离，亦即回溯至一个因可思维而存在的存在者。

如果一事物的特性作为相对的善，理应包含其现实性的根据，那么这一事物就必然是被有意选中的。必然因将不得不辨认并特意挑选从必然因中获得实存的偶然之物。现在，必然存在者鉴于其所是的一切，必然存在于最完满之中，关于必然因的知识必然是最完善的知识，而且其选择最为自由。故从一开始它就已然以最明晰最完全的方式思考过时间地点的一切变化，也同样思考过偶然之物在它的时间地点成为最完善者所凭借的一切规定和特征，而且它将赋予它们适当的有效性与欲求。现在正如我们在第七次演讲中看见的，这种欲求为许可能力固有，由主体产生，将目标寄寓于知识客体中，并且试图按照主体许可的概念提供客体。因此，必然因由于其最完满的许可能力，将使每个偶然之物依照其特性与能力在某地某时成为最完善者在某 190
时和某地成为现实，而且由于时间过程与空间秩序都是流变的，所以，仅仅通过其特性成为最完善的事物必然也会显现出来。

每一个现存的就是最完善者。（1）**单纯**、绝对的最完善者或最完满者：一切现实性的总括、自足之物，或（2）**相对的**最完

善者，统一的最完满者，处在杂多的关系之中的最完满者，其中任意一个，单独地看，都是受限且残缺的，但是作为整体的部分，在某时某地通过联结与对最完满的整体的促成，成了最完善者，即世界及其在时间与空间的一切变化成为最完善者。

神的一切思想，**就其以最完善者为客体**，**获得了现实性**。（1）**绝对的最完善者**。神通过最有活力的知识与最高程度的自我认同思维自身。他无上的力量生生不息地在自身中创造出一切能够统一于主词上的谓词，这些谓词如同他的可思维性一样是必然的。（2）**相对的**最完善者或假定的最完善者。神通过无限杂多的限制思维他的属性，通过这些限制他的属性才可以被思维。也就是说，他以与之对应的许可度与满意度思维他一切可能的完满的层次。他为自己思维这些有限的完满所有可能的联结；它们并非处于同一主体之中，因为它们并不协调一致；但他为自己思维诸多主体的联结。在有限实体的这些可能联结之中，将会有一个联结作为整体相比地成为最完善者。正如，每个处于最完善的联结中的个体在其位置与时间上必然也是最完善的。神为自身思维这一最完满的联结以及出现于其中的（时间与秩序上的）一切受限物，就它们作为最完善者、获得最高程度
191 的许可而言。许可的力量以产生对象为目的，并致力于按照理想的标准使表象的对象成为现实。自足的存在者的力由此产生出它有限的完满程度以及它们尽可能好的联结，但并非在他自身当中，因为它们无法与他的属性协调一致，而是作为受限物外在于他，自为地存在，各自都伴随着位置与空间的变化，由此它们相关于整体都是最完善的。**神是最完善的宇宙的创造者与维**

护者。

这里可以看到从神的理智转换到他作为外在之物的创造者与维持者的属性。表象一旦与许可或参与联结在一起，就是**有活力的知识**，而且在最高程度上有活力的知识是行动的催化剂，是创造和外化力量的动力。

有些哲学家不辞辛劳，也想通过这条路并且以演证的方式，反驳唯我主义者特有的虚张声势。健全的人类知性已然将这种虚张声势贬斥为不合法的妄想。但是如我们所见，若是有人想通过理性的根据而使健全的人类知性的种种说辞科学化，的确可以在这一点上做文章。如果一切被神设想为最完善的东西同样成为了现实，如果作为最完善整体诸部分和谐并存的其它一些实体，包括唯我主义者在内，归属于他个人所幻想出来的宇宙，那么诸多外在于他的实体必然也成为了现实，并被神创造出来。作为个别实体，唯我主义者不可能妄想他自己是神许可、满意的对象，因为他意识到自身的脆弱和缺陷。因此，只有与整体结合，他的实存才能在某地某时成为最完善者并被神许可。故这一整体连同归属于它的一切实体必然像他的“我”一样获得 192
了现实性。

有人确实甚至企图用这种方式，严谨地说服观念论者承认他们观点的不合理性。在某种事物的联结中质料作为表象的对象是现实存在的，这种联结必然要比另一种在其中感官的特性无任何外在对象的联结更加完满。在后者中，就思维存在者的表象作为描述且包含真理而言，就仅仅存在它们之间的和谐；相反，在前者中，思维存在者的表象不仅自身之间和谐共存，也与

现实地存在于它们之外、作为其形象表象的原型的对象保持一致。在后一种情况中，描述仅仅与描述相符合；相反，在前一种情况中，描述还与原型相符合。更高的一致便是更高的完满；有物存在于心灵之外的世界比单纯由心灵构成的世界更加完满。由于那时神只会让那些最完满者成为现实，他所创造的世界将不仅仅是理想的，而且也现实地包含质料，正如最高的和谐所要求的那样。但是你直接意识到，只有质料表象的客体的实存才能通过这些根据被推导出来。至于在展现质料特性的过程中，我们感性知识中的主观部分究竟在何种程度上参与介入，并将这种知识转化为现象，这一问题在讨论中始终悬而未决。毫无争议，感性知识当中存在着某种真理。但是这一真理对于我们而言与幻相密切相关，原型与视角密切相关，且无法通过我们的感官与后者相分离。

第十三章　斯宾诺莎主义—泛神论——一切即一，一即一切—反驳 193

斯宾诺莎主义者宣称：我们自身与外在感官世界无法自为地存在，相反仅仅是无限实体的变形。无限者拥有的任何思想都无法在它之外、脱离它的存在而成为现实，因为只存在一且唯一的拥有无限思维力量与无限广延的实体。斯宾诺莎主义者认为，神是唯一必然的实体，神也是唯一可能的实体；因为对其余的一切而言，无物生活、运动、存在于在神之外；它们反而是神圣存在者的变形。**一即一切，一切即一**。

尽管这一观点听起来怪诞，完全偏离了健全人类知性的寻常轨道；但是长久以来其信徒与盟友之中还是不乏深谋远虑之士。狂热分子与无神论者共同接受了这一观点，因为该观点其实集合了这两种对立的谬误。乍一看显然它靠在了无神论的那边。但是瓦西特（Wachter）在一部特别的著作[①]中指出，这一

① 约翰·乔治·瓦西特：《犹太教中的斯宾诺莎主义》，阿姆斯特丹，1699年。——中译者注

观点可追溯到卡巴拉①狂热主义，并完全建立于它之上。然而，我们不要将目光投注在这一流派备受责难的结论上面，相反可以看一看它所基于的根据。我们在此漂浮于远离直接知识的观念地带，在这一地带我们只能借助语词的轮廓来表明自己的思想；确实只有借助这些轮廓我们才能够再次认知。在这里犯错是多么轻易！误将影子认作事物的风险是多么巨大！你知道我是有多想将哲学流派的一切分歧都解释为单纯的语词之争，或者至少发端于语词之争。若是轮廓发生细微的改变，那么整个
194 形象就会顷刻间变了模样，面目全非。语词与概念亦然。基础术语的规定极微小的偏差，最终都会导致完全相反的结果。如果有人看不见自身其他人共同的出发点，那么最终他将不再是在语词上，而是在最重要的问题上争辩。因此我们必须回到斯宾诺莎主义者与我们分道扬镳的路口，折上他那条路，看看我们是否能在各奔东西之前解决争端。

我们将从何处出发？我们能接受什么，预设什么，从而以之为标准确定争议点？以我对斯宾诺莎主义者学说的了解，他们与我们在以下定理上是一致的：*必然的存在者将自身视为绝对必然的；它认为偶然之物可分解成无限序列，认为偶然之物根据本性为其实存预设了一个无开端的向后延展的序列，并用一个无终点的往前回溯的序列承载现实性。*

截至这一观点，斯宾诺莎的信徒仍和我们是同道中人，但是

① kabbalischen，希伯来语，字面意为接受或接收。卡巴拉作为犹太神秘主义学说，认为人可在理智之上获得对神性直接和亲密的认识。——中译者注

自此之后就分道扬镳了。我们认为偶然之物的这一序列在神之外拥有自身的实体性，尽管它们只能作为神之全能的结果而存在。毫无疑问，有限存在者自身的持存依赖于无限者，离开无限者，它们不可思维，尽管如此，就持存性而言，它们并未与无限者相合一。我们生活、行动与存在，是神的结果，而不是在神之中。相反，斯宾诺莎主义者称：只存在唯一的无限者，因为一个实体必然自为地存在，必然不需要他者来达到实存，因此是独立的。可是因为任何有限的存在者都不可能是独立的，任何有限的存在者就都不可能是实体。相反，宇宙是真正的实体，因为在其无限性中它将一切事物囊括在自身以内，因而无需任何他者使其达到实存。所以，它是独立的。这个宇宙，斯宾诺莎主义者继续 195
说道，由物体和精神构成，这意味着，根据斯宾诺莎主义者所接受的笛卡尔学说，存在广延和思想，存在有广延的存在者和思维的存在者。相应地，他赋予唯一的无限者两种无限的属性：**无限的广延**和**无限的思想**。这就是他的“一即一切”；抑或是他所说的：无限多的有限物体和无限多的思想的整个总括便构成了唯**一**的无限的**一切**，在广延上和思想上皆无限：**一切即一**。

斯宾诺莎将其体系建立在这些基础观念之上，并以几何学的联结并且贯彻至最微小的部分，其中展露出来的睿智理应予以赞美。承认他的这些基础观念，他的大厦将屹立不倒，你无法将最细小的沙砾从它与其余一切的联结中剥离。因此我们不得不探究这些基础观念，看看它们与我们习惯的概念差异多大，不论就问题还是单就语词而言。

为了尽可能地贴近这一体系，我们不要一开始就批评说，斯宾诺莎似乎混淆了力的无限和广延或数量的无限，混淆了内涵的量与广延的量。某种程度上说，他通过无限多的有限思想，组合成思维上的无限。以这种方式，产生的只是广延上的无限。倘若无限理应是独立的，那么它必然不是广延上的无限，而是在内涵上没有边界和限制。如若它的实存并不依赖任何他者，它必然不是广延上而是力上的无限。之后我会更细致地对此进行剖析，眼下暂且搁置不做评述，以便考察斯宾诺莎体系中的其它基础观念。

至于斯宾诺莎对语词“实体”的定义中存在着任意性，这
196 种任意性诱引他偏离了正常轨道，这一责难已被众多乃至几乎所有对手论述过。我们同样不会赋予任何有限的偶然之物那种他预设的实体性，以及自为存在、独立、无需任何他物给予其现实性的实存。我们同样认为，这样一种自足的实体性只属于无限必然的存在者，这种实体性甚至无法通过这一存在者赋予任何有限之物。然而我们将**自足之物**与**自为存在的某物**中区分开来。自足之物独立且无需任何他者达到实存。这一存在者因而是无限且必然的。但是自为存在之物就其实存而言是依赖性的，尽管如此它可以脱离无限者而存在。这就是说，存在者可以被思考为不只是作为他者的变形而存在，相反拥有自身的持存性且可以自我变形。我们认为可以理所当然地也将这种第二类的实体性归于有限的偶然之物。我们大可以让斯宾诺莎以几何学的精确度从他的实体定义中推出一切，但这仅仅适用于自足之物，而不适用于任何自为存在之物，只有自足的存在者才拥有力的无限以及必然、独立的存在者的无限。如果斯宾诺莎不愿因

其独立性就称其为"实体",那么他就只是语词之争。如果承认差异存在于事物之中,那么人们就不得不为依存之物的持存性另拟一个名称,以防止遗漏（事物之中的）任何一个差异；于是纷争平息。

这一论述,即使没有立即驳倒斯宾诺莎的学说,也撼动了其论证与根基。它表明斯宾诺莎并未证明他想要证明的命题。因而这削弱了他的火力,或是使它们偏离了靶心。他并未证明 197
"自为存在的一切是唯一的一",取而代之的是,他最终只提出了"只有自足的一切是这样的一"；他并未证明"一切有限之物的整个总括构成一个唯一的、自足的实体",取而代之的是,他最终只捍卫了"这一总括必然依赖于唯一的、无限的实体"。争端并未因此得以平息,但每个人还是会接受这一切。所以他完全没有论及争议的关键,完全是在原地踏步。他的证明很犀利,但并未将我们击倒。

接下来的论述将更加鞭辟入里,攻击的将不只是斯宾诺莎的证明,也包括他的学说。他的对手们说,斯宾诺莎将广延和思想赋予无限的实体,因为依照笛卡尔的理论,一切可思维之物皆可追溯到这些基本概念之上。按照这位哲学家的说法,物体的本质在于广延,精神的本质在于思维。可是,如果我们将不可入性概念也加给广延,那么这说明的仅仅只是质料的本质。然而除了质料,形式也属于物体,就是说运动连同它的一切变形也属于物体。因此斯宾诺莎向我们展示的不只是质料的来源。形式的来源何处可寻？物体通过什么获得了运动,有组织结构的物体通过什么获得了形式也就是它的井井有条的合规则的运动,

其余一切物体通过什么获得了形象？这一源头存在于何处呢？不会存在于整体，因为整体没有运动。所有统一于一个唯一实体的物体的集合无法改变其位置，而且没有组织结构也没有形象。因此存在于诸部分之中。因此部分必然拥有它们各自的实存，整体只是由它们而来的单纯的聚集。如果部分像斯宾诺莎所言没有它们各自的实存，只是整体的变化或表象方式，那么除了源自整体属性的变形，它们不可能拥有任何其它的变形。部分中的形式从何而来，如若整体不为其提供泉源？

人们还可以指责斯宾诺莎对精神世界进行过类似错误的推
198 论。他只关心思维的质料，并在无限存在者的属性中给予其起源。对他而言，真理与非真理之根源存在于单纯实体的属性中。但是善与完善、愉快与失意，痛苦与感激从何而来？总而言之，那些依照我们的概念隶属于许可或欲望能力的一切从何而来？如果整体无法预知、意愿、许可和要求，那么所有这些存在于部分之中的概念，这些根本不包含任何自为存在之物、在他看来仅仅是单一实体之变形的概念从何而来？的确，斯宾诺莎也想要取消部分之中的所有自由，将一切选择都视为单纯的错觉，而且就真理而言，他想让那些我们认为依赖于自身的任意决定服从不可抗拒的必然性。如此一来他在他的体系中无需关注其实存不被他承认的事物。因此，在他看来，选择的自由、意志和任意性，以及在此基础上建立的一切，都没有对他构成进一步的困扰。只是此事不除，便将落下顽疾。斯宾诺莎对自由和任意性的一切反驳影响的仅仅只是完美均衡的体系，只有他才将这一体系称为“自由”。他不承认会不存在强制性，除非这一强制性摆脱了任何动机和诱因的影响，摆脱了一切关于可预见的善恶的共同作用的知识；实际上也就是承认决定论者所说的“完美悬置的均衡”。他那时已经看到，可预见的动机和诱因将其规定和不可避免交付给了最自由的选择，因此他将一切结果归置于含混不清的术语“必然性”之下，并宣称理性存在者的选择或任意是必然的。与此相反，尽管他持有种种理由，他必然还是要承认决定论者所称的“自由”，或者承认他与他们的争端只关乎语词。他没有任何理由取消这种遵循善恶知识、由被预见的最完善者所规定的自由。因为至少就有限的存在者而言，他不能否 199
认善与恶、向往与厌弃、愉快与不愉快等等的区别，他也必须承认随这些观念而来的一切，由此接受它们在对有限者的规定时的共同作用，以及它们对思维的存在者变化的影响。倘若我们因此消除了“必然性”这一语词的模糊性，倘若我们将概念规定得更为准确，并且区分了物理和伦理的必然性，让物理的必然性从知识的根源产生，伦理的必然性从许可的根源产生，正如我们所做的那样，而且倘若斯宾诺莎并未忽略存在于事物自身之中的区别，那么他必然会承认思维的形式层面不同于其质料层面，思维的属性并不必然包括许可的属性，**善**与**恶**，以及对善的趋近与对恶的拒斥必然拥有一个不同于真理与非真理的起源。可是如若唯一实体的属性之中没有这种起源的痕迹，那么这种起源究竟该到何处去寻呢？

因此我们可以发现斯宾诺莎体系存在两个方面的缺陷。不论是就物质世界还是就思维而言，他都仅关注质料层面而非形式层面。而且，如果他也探讨形式性的东西，并尝试一方面解释

运动的根源，另一方面解释许可的根源，那么他的体系将和我们的体系非常接近。

现在回到我之前提及的论述，我承诺过会对之做详尽的阐释。但是我意识到我已无需在此赘述。沃尔夫在他《自然神学》的第二部分以其独特的清晰性与通透性呈现了对斯宾诺莎主义的驳斥。据我所知，尚未有该体系的信徒或拥趸胆敢回应这一
200 驳斥。因此我只需要在这里简要地复述一下。事物的任何特性都具有广度和力度，具有广延和内涵。同种事物的添加只会增加特性的广度而非力度。如果你往温水里添加温水，你将拥有更多的水，而不是更热的水。如果你走马观花之后复又走马观花，那么你增加的只是更广博的见识，而非更为基础深刻的洞察力。更广泛的原因无疑能产生更强烈的效果，光线聚集起来就能照得更亮，但在这种效果中光线的聚集不再是简单地添加，而是内在的强化。而且，多个房间的柔光并不会比单间小屋的同种柔光更强烈。所有这一切皆一目了然，任何一本关于本体论的书都对之做过详尽的论述，如果我们不说是繁琐地论述过的话。因此，即使无限多的有限之物合为一体，从中产生的也只是数量和广度上总体的无限。特性的内涵或力度在那样一种整体中仍将永远是有限的。现在甚至依照斯宾诺莎的说法，也只有力度上的无限能保持独立，无需任何他者来促成它的实存。这样他仍将不得不承认一种唯一的无限存在者，它的力没有止境，存在于所有只能在广度上无限的有限之物的总括之外。实际上，由于他只允许唯一一个实体独立存在，他将不得不让他在数量上的无限依赖于这种力度的无限。

就广度而言的无限者无法自足，因而必然依赖于就力而言的无限者，通过上述分析这一点更加清晰了。一切延展之物，不 201
论有限与否，产生的不会是真正的**统一体**而仅仅是**总括**，是**多**的集合，不会是**单一**个体而是**组合**的集体。尽管**同一种**广延本质上属于一切物质，但**有广延之物**仍然并不会总是**同一种事物**；这里并不存在任何现实的统一，而仅仅只是同一个特性在物质最细微部分的重复。同理，重力亦是如此，如果它存在于物体，同样还有繁衍的能力和组织的能力，若是人们想将其视为有形之物的一种属性。即使这种力在抽象中始终保持不变，且包含在同一个观念中，它如果没有在某种程度上往复出现于同种物体的任意一个原子中，就还是无法作为一种属性存在于物体当中。当然它是那种力，是它在我的钟表上缠绕发条，是使云卷云舒于苍穹之上之力；然而这一**统一体**仅仅是抽象；就**事物**而言，力必然以不同的形式往复出现于不同的对象中，因此必然不再是**一**而是**多**。

如果多汇聚成一个整体，聚合物构成全体，那么这种情况的发生就只能诉诸被思维主体包含并汇聚于一个概念之中的诸表象。在客体之外或周围存在的仅仅是诸多统一体，而且无疑分别自为存在。只有在思维主体的表象中，这些统一体才会凝聚起来，形成总括，多才会在一之中聚合。羊群自在自为地就由这种动物个体构成，沙丘源于微尘；但是这些都聚拢并结合在思维者的概念中，并通过这种方式，从前者我们得到“一群”，从后者我们得到“一堆”。离开思维者，物质世界就无法成为一个世界，它无法构成一个整体，相反最多是由诸多纯粹孤立的统一体构

成。我在另一处[①]曾更为详尽地对此阐释过，并证明了灵魂不可能是物质的。

然而精神世界有类似的特性。即使同一种思维能力被赋予
202 给每一个人，也仍然不会是同一种统一性在每个人心中进行思维。我们通过思维能力或属性理解的一切必然能在每一个对象中重现，且属于每一个思维者。就概念而言，它自然是相同的思维能力或属性，正如斯宾诺莎所言，我们所有人正是凭借它才能在此进行思维。然而就事物而言，这一能力实际上必然以一种特殊的方式归属于我们每个人，若是像经院哲学家所认为的，我们自身思维各异，唯一的力不可能为我们思维所有。

可若是有限的，每个思维者只能思维世界的一部分，其单一的维度和视角无法以同等的清晰度统摄全局。依照斯宾诺莎，处在自身包罗一切的清晰性中的宇宙只能存在于所有思维者的总括中，存在于同种事物的整体中。但是这一整体，这一聚合，这一存在于**一中的多**，这一总括正如我们所见，预设了一个在其表象中理解、搜罗、联结的思维着的主体。缺少这一统一性的主体，部分将始终零落分散无法聚合。它们仍将是多，而只有通过统摄性的思想才能**统一**为一体。

因此，若是根据斯宾诺莎，世界整体或真正的实体在于所有质料和思维者的总括，那么这一总括预设了一个将其构想出来的主体的实存。这一主体将不得不理解所有的方面，将一切有限之物的概念结合在它们无限的杂多之中，并以最透彻的清晰

① 参见门德尔松的《斐多篇》，尤其是第二段。——英译者注

思维这一切，因为存在于表象中的每一种模糊性都将留下一道缝隙，我们追寻的总括都将残缺不全。离开精神世界，物质性的事物无法构建一个世界，而有限的精神所铸就的，某种程度上说也仅仅是整体的碎片，一种必然在其无限领域中被不受限的精
神所理解并被联结成一个体系的碎片。凭借其自身，这一不受 203
限制的精神就力而言是无限的、自足的、独立的；最终斯宾诺莎的观念将把我们从无限的世界引向一个别存在者的必然实存，这种存在者在力上是无限的，其思想以最清晰的方式理解存在于物质世界和精神世界中的一切杂多，并将所有这一切联结为一个体系，没有这一体系，就不可能存在广度的无限。——如此一来，我们与这位哲学家的大部分纷争，就在此地，就在这个岔路口，都得到了解决。而且，我们将与这位虔诚的真理探索者成为朋友，因为毫无疑问，将生命谨献予真理的人绝不会出于固执或虚荣而反驳。我们将向他敞开胸怀，而且仍然能够长期地结伴同行。是的，如若斯宾诺莎向我们承认这一切，我们就几乎已然实现了目标。

第十四章　与泛神论者的后续争辩—类似观点—观点之整合—纯化的泛神论的无害性—宗教与伦理就实践而言的相容性

不，根本不是这样，我的友人莱辛若是出席了我们上一次演讲，必定会大声疾呼，你离实现目标还有很长的路要走，还没有压制敌手就宣告胜利。即使你对斯宾诺莎的所有驳斥都正确，最终你驳斥的也仅仅是斯宾诺莎一人，而非斯宾诺莎主义。你已经揭示出这位哲人的体系同前人构建其它任何体系一样存在缺陷与漏洞，他没能给其理论大厦提供足够的根基，而且忽略了那些确保大厦矗立的必要因素。可这样就将斯宾诺莎断定的一
204 切完全推翻了？特别是如果后来追随这位巨人的信徒试图填补漏洞、修正缺陷，又会怎么样呢？或者假设我们完全摒弃这一体系，并且承认事物不允许自身被整合成几何学推论的序列，那么斯宾诺莎主义或泛神论，就会因此必然、彻底地瓦解吗？这先暂且不论，难道命题“一切即一，一即一切”不能为真吗？

你反驳了对手的体系：在此过程中你的体系就得到了证明

吗？他继续说道，让我们再仔细地看看，我们来到了哪个阶段。你说："斯宾诺莎无法基于他的原理来解释运动的根源。"很好！反斯宾诺莎者或有神论者又能给出什么更合理的解释？他们诉诸神的意志，认为是神将运动传递给了物。同样斯宾诺莎也让一切运动源自于某种类似的东西，他将这种东西称为"意志"，虽然我都不知道该如何清晰透彻地理解他这一点。也许甚至连泛神论者都发现了这种解释运动根源的额外手段，而且如果他没有发现，那么这一根源将仍然完全得不到解释。最后诉诸神圣意志就离承认自己无知不远了，而且有神论者在这方面的优势还不够显著，已经无力支撑其体系占据上风。泛神论者能接受真理与善、知识与许可的区别，以及从这些区别中合理推断出 205
的一切结果。他也能将形式的根源以及质料的根源归于这一唯一的神圣实体。你可以看到，我以他的名义做出了多大的让步，但并没有因此放弃体系。我被你的或者类似的理由打动，愿意承认对广延的无限与力的无限所做的合理区分，并相应地承认必然存在者如斯宾诺莎自身所言无法存在于无限多的偶然之物的总括之中；因为这样它便只拥有广延的无限，就力而言，它仍将始终是有限的、依赖的。因此，就像斯宾诺莎自己可能会做的那样，我和你一起假定，唯一的必然存在者必然在其统一性中以及就力而言是无限的，那么，正如有神论者依照他的体系，我们依照我们的体系，不仅能将真理的根源而且能将善的根源归于神性的本质。因此，（我继续以这位逝去挚友之名论述）由于我们已经改变了体系，将最高的完满赋予神性，而且在这一点上我们不亚于有神论者，那么我们也假定，作为结果，神的理智以最

清晰明了、最详尽的方式，表象一切偶然之物连同它们的无限杂多和变化、以及它们的多样性与善、美与秩序；而且借助于神性许可的无上能力，它必然挑选出事物最好最完满的序列。根据真正有神论的体系，所有这一切必然也发生在神的理智之中，并且运行不息。因此，甚至有神论者也必定会将某种存在于神圣理智中的理想实存归于现实生成的事物序列。泛神论者可以在不损害自身体系的情况下接受这一点。然而，他固守在这一理想实存左右，如果有神论者更进一步，将以下论述“神也把客观实存赋予了外在于他的这一现实事物的序列”加到这一断言中，那么泛神论者就会恭敬地撤离，看不见任何承认它的理由。你可以通过什么方式说服他接受这一外在于神的理智的客观实存呢？谁告诉过我们，我们自身和周围的世界拥有的不只是存在于神的理智的理想实存，不只是神单纯的思想以及其本源之力

206 的变形？

“如果我理解无误的话，”我会这样回答他，“那么毫无疑问，您以泛神论者之名接受了一个外在于世界的神，但否认了一个外在于神的世界，在某种程度上则将神变为了一个无限的自我。”

你正确地理解了我的思想，而且也明白不论你以何种荒诞的方式对其进行润饰，对我来说都无关紧要。如果你不介意的话，我将把我的泛神论比作双头蛇妖，其中一个头写着“一切即一”，另一个头写着“一即一切”。如果你想要斩杀此妖兽，就必须同时取下这两个首级。但是你在敢于肩负这项赫拉克勒斯式的使命之前，千万要仔细了解它能够用以自卫的武器。

思想，思维者，被思维者——这是三个层面，只要思维还仅仅是一种能力，也就是只要人还未真正地进行思考，这三者的差异便会被我们意识到。亦即只要思维者作为主体，单纯地拥有思维能力，被思维者作为客体只有被思维的能力，而思想尚未真正从客体与主体的关系中产生出来。可一旦思考切实有了进展，主体就进入到与客体最紧密的联系之中，并产生出思想。这能在思维者之内找到，而且就其乃是被思维者的真实印记而言，它与客体本身并无差别。那么在你能够反驳我的泛神论者之前，请三思而后行。你或将承认，在现实思维的过程中，就思想为真而言，这三者之间的差异消失了，被思维者与现实为真的思想不可区分，完全融为一体了。现在，思想仅由思维者偶然得之，且与它的实体不可分割。因此，思想必然只能作为一个思维者单纯的变化存在于这个思维者之中，而不能存在于其它地方。由于现在，我们都认为在神之中出现的不仅仅是
单纯的能力，相反其中的一切必然处于最活跃的现实性中。进 207
一步说由于神的所有思想都为真且确切，那么任何神的思想都与其原型别无差别，或者说作为神的变化存在于神之中的思想自身，同时也将是它们自身的原型。表象的神性力量运行不息的内在活动，在神当中创造出偶然之物持续不断的影像，以及它们所有连续变化与差异性的无限序列。我们将此统称为一个个外在于我们的“感性世界”。从这一方面来看，你认为已经被摧毁的泛神论在我看来又再次完全地站稳了脚跟。你能予以反驳吗？那么请你先指出这如何可能！如果真的存在这种可能性的话，那么就必然说明外在于神的原型与居于神之内的表象和

影像并不具有相同的谓词。但是依照你的体系，你否定的正是这一点。神的思想在最高程度上为真、充盈，因此必然拥有一切属于其客体的谓词。

是的，在这里我的友人确实会想起所有的谓词，除了那样一些谓词，它们仅仅作为原型被赋予给原型，它们在主体仍是主体的时候就无法被主体设想。因为真理而预设的原型与摹本的一致性，没有扩展到它们关系的差异性被取消的地步。最可靠的影像绝不会不再是影像；若是它想要成为原型，那么它就会丧失其一些真理。所以，我的友人，如果这就是我们争论的关键所在，那么如我所愿，它仍然能够得到裁决。在我看来，存在许多可靠的特征，以最可靠的方式将作为对象的我与作为神之中表象的我区分开来，将作为原型的我与作为神的理智中影像的我区分开来。我拥有关于自身的意识，加之我对思维范围之外的一

208 切事物都一无所知，就是我外在于神的实体性最有力的证明，是我作为原型实存的最有力证明。当然，神拥有关于我力的尺度的最正确的概念，因此也拥有关于我意识范围的最正确的概念。但是我的意识这一影像，在他之中并没有与关于他的无限性的意识分开；和我的情况一样，它并非与诸多我自己并不熟知却仍然在某种程度上与我的本质紧密相关的事物不可分割。有局限、受限制是一回事；意识到其他不同的存在者具有局限是另一回事。至上者意识到我的软弱但他并不软弱。他所拥有的关于我的概念非但不会因此不再为真，反而无法通过其他任何方式成为最真实的概念。

“如果有物现实存在于神之外，那么岂不是必须将其添加到

神的思想中？”[①]我相信这一问题将带领我们寻得争论的根本，我将就这一问题，尽我所能公正明晰地阐明自身。

思想，作为认识能力的对象，在神之中具有最高程度的真。虚假、谬误以及感官错觉，只能作为有限的偶然之物的谓词处在神的理智中。他了解我，了解我所有的缺陷与弱点，因此也知晓我理智的谬误和感官的错觉。

神将善与恶作为许可能力的对象来把握，且都是根据真理，也就是以对二者最恰当的许可与否定的程度来认识二者。故他深知最完善者，对它予以最强烈的赞许，掌握关于它最重要的知识。这一许可要求有效性。神之中最高的生命力量，源源不断地起作用、在他自身中产生那些归属于他的谓词，乃是他自身实
存的根源，是绝对的最完善者的根源。然而，因为联结中的最完 209
善者（相对的最佳条件），作为神之中的思想，带着一种赋予它的相对最高的许可，而这必然将凭借它最有活力的力，也成为现实，而且这确实不是存在于他之中（因为只有绝对的最完善者才能存在于他之中），而是与他的实体相分离，成为外在于神的偶然之物的序列与联结，一个客观世界。

“可神向他的思想、向他关于最完善者的表象添加了什么呢，以至于这些表象在他之外成为了现实？”[②]

我最亲爱的，任何真正理解并说出此言的人，同样懂得应该如何解决，而在这一点上你将无法苛求一个意志薄弱、贩卖假说

① 此问题被引号括起，或为门德尔松对莱辛提出的诘难。——英译者注

② 第二个问题标注以引号，此处指向的是（同时也予以补充）莱辛的思想路径。——英译者注

的人。但是若我们谈论的是有限的精神，那我已经尽我所能回答了这个问题。向神之中有限精神的表象补充的，除了它自身的意识，还有它对一切在它界限之外的事物的无知；由此精神成为**外在于神的实体**。至于其它事物，我无从知晓，我无法给你指明这样的特征。关于证实一个意识到自身的存在者，我所知道的皆来源于我自身，因为我自己就是这样一种存在者，有对我自身的意识。我身边始终受限制的存在者是否拥有与我类似的实体性，是否——与莱布尼茨对话——一切存在者得以自存仅仅只是就其拥有表象能力，而质料必然被视作实体的单纯幻象而言，或者是否也存在一种质料特有的实体性——这一探讨会使我偏离我的任务太远，目前只能搁置一边。现在我不得不只考察我自身以及与我类似的思维的存在者，以便了结这一与泛神论者的争端。为了证明并非所有的事物都仅仅是无限者的思想，

210 我只需说明有限精神外在于神且拥有自身的实体性，而无需卷入关于另一种实体的问题中。若是我表明我自身有对我自身的意识，因而对我来说必然是一种存在于神之外的实体，这确实就已经足够了。说服泛神论者接受这一点现在将不再是难事。

对在自身实在性之上的更高的实在性，没有存在者能够拥有直接概念。若我们想要思考一个更高的存在者，那么单凭直观与直接性，我们也会思考我们自身能力的范围，并不断将界限延伸得更远，从而表象一个比我们自己更完满的存在者。或是我们完全消除界限以求达至一个最完满的存在者的概念。然而，那一整片未被我们自身占据的实在性领域，对我们的知识而言同样是陌生的，而且无法被我们直观地认知。这是普遍的哲学

原理。从另一方面来讲下述命题亦真：没有任何存在者能够现实地将自身与其任何程度的实在性相剥离。我自己无法想象一个比我能力更弱、更受限制的存在者，由此现实地与一切更多地成为我的一部分的事物剥离，并且对其知之甚微。如果我想要呈现盲人的感官能力，那么我必须将注意力仅仅集中在其余感官的印象和感觉，并通过这种方式尝试去削弱与模糊视觉印象，或者也让视觉影像处于其直观的完满中，然后否认生就目盲的人拥有视觉影像，连同它们的后果与影响。

第一种情况，我获得的是一个积极的概念，第二种情况则是关于其感官能力局限性的概念。但我无法完全消除自身中的所有的感官印象。正如神不能凭借他自身的完满，通过对他自身神性的现实的剥离，思维任何一种有限之物。他通过一切随这一局限而来的弱点和无能，为自己设想其实在性的局限程度。

但是他绝不能剥离自身无限的实在性。因此，神之中的以有限 211
之物为客体的思想，无法在自身中达至对自身的、某种程度上已经从神那里剥离出来的意识。因此，没有什么被从神圣概念的真理中消除；相反根据我们对真理的阐释，这一概念必然在神之中保持为纯粹主观的，无法通过剥离一切更高的完满而现实地拥有关于自身的意识，否则它就将成为**客体**，而不是关于客体的概念。

让我们称A为有限之物的实在性的程度，称B为将其否定的限制性或实在性。鉴于神表象了这一有限的存在者，他肯定A连同它关于这一存在者的一切结果，同时将B连同它关于这一存在者的一切结果都一并否定，而且正是通过这种方式，神才拥有关于这一存在者最完整、最准确、最真实的概念。但神不可能在自身之中借助B的现实剥离和缺席产生或拥有关于A的意识。因为这会是其神性真正的剥离。

同时,斯宾诺莎的另一处言论或许在此有所帮助:异议蜂起,是因为人类从未恰当阐释自己所思,或是因为他们误解他人所想。事实的真相就在于,当彼此冲突到最大程度,他们思考的要么是同一件事,或者他们想的就是不同的事,因此某些人眼中的谬误或无稽之谈,在另一些人眼中则不然。(Pleraeque oriuntur controversiae, quia homines mentem suam non recte explicant, vel quia alterius mentem male interpretantur. Nam re vera, dum sibi maxime contradicunt, vel eadem vel diversa cogitant ita, ut quos in aliis errores et absurda esse putant, non sint.)故让我们再一次审视我们与泛神论者之间的距离。也许最终我们比想象的距离更近。泛神论者说,“一切即一”;我们说,“神与世界”。泛神论者说:“神也是世界”;我们宣称,“无限者使一切有限的东西,多中
212 的一成为现实。”另一方面泛神论者则说道:“无限者包罗一切,自身即是一切,是**一**同时也是**一切**。”正如**多**不可能脱离**一**而存在,根据泛神论者所言,无限的**一**也不可能脱离**一切**而存在。就我们来说,我们承认有限者的实存脱离无限者不可思维。我们进一步承认,有限者的实存离开一切有限者**最明晰的知识**就不可思维。但是我们认为无限者的实存离开一切有限者的现实性仍然是可能的,是可思维的,故就实存而言,有限者确实依赖于无限者,而后者却并不依赖于前者。所以,我们将神与自然相分离,赋予神外在于世界的存在,也赋予世界外在于神的存在。相

反，上述提及的、在此涉及的泛神论信徒，做出如下推断：在神之外不存在任何实存；相反，无限者的表象因其必然性获得了一种处于神自身之中的实存，这种实存在根本上与神的本质牢固地统一在一起。让我们暂且放下先前抵制这一假设的想法，现在仅仅提出一个问题：**神的一切思想都拥有这种在我们自身中知觉到且不可否认的关于自身的自我意识吗**？还是不能一概而论？没有人会认为是前者，因为如果一切神的思想仅仅因为它们是神的思想，就拥有实存所必需的条件，那么实际上这一切都不能现实地存在。最终，实存还是难以被否定了：带有某种规定性的实存排除了对立的规定性；事物的当前变化实际上不可能与它们过去未来的变化相同；我，此刻安坐言谈的我，不再是卧榻沉睡的。就让不同状态的交替更迭——依照斯宾诺莎（根本 213
上说依照真理）——始终仅仅作为有限的存在出现于我之内吧。不管怎样，不同状态的交替更迭，始终彼此相互排斥，因而预设了唯一成为现实的神的思想。

所以，只有神的某些思想通过其优越性获得了我们所说的实存，现在要争论的问题是它们是否始终停留在神的本质之中，还是在之外获得了自身的实体性。这些优先获得实存的神的思想，并不是凭借其真理性和可思维性才拥有优越性；因为它们的反面同样可思维，至少曾经或将是如此，而时间的差异性丝毫不会改变事物的真理性和可思维性。就事物而言，作为中介因同样无济于事，因为根据斯宾诺莎，它们都可分解为无限的序列，因此仅仅只是将问题搁置，而并未应答。对所有这一切，我们在之前的演讲中已做了充分的剖析。所以，排斥其它而独自

成为现实的神的思想，将会凭借它们相对的善与合目的性获得这一优越性，也就是说它们仅以这种方式，即以“此地”与“此刻”对应理念“完满”与“最完善者”。因此根据泛神论者，这一可见世界作为神的思想现实存在于神的本质之中，亦即只要它作为诸多有限之物的最完善和最完满的总括的表象存在于神之中，而这些有限之物能被相互关联地思维。人类就置身于这浩渺的思想中。“我是一个人”也是神的一个思想，赋有关于我自身的离散的、有限的意识，完全缺失存在于我有限性之外的信息。我因为这一有限性，也拥有了悲欢的能力，一部分是通过我
214 和我自身的行为，一部分则甚至无需我的任何参与，而且在涉及我的悲欢时，还会依赖于神的其它思想。

再者，作为人类，我渴望一切于我而言只由某种实体生成的善，而我应该是这一实体的思想和变形。这种渴望强烈到如此地步，以至于让一部分善取决于于我自身，让另一部分取决于它的其它思想成为了它的意志。当然，严格说来不是“意志”，因为在斯宾诺莎那里，意志和理智是同一种东西。同时，如果我对他的理解准确无误，且按照的是友人诠释他的方式，那么他还是将对真的认知与对善的认知区分开来了，并将关于善的知识称为“意志”，鉴于一个思想通过它获得了优越性。因此，我们总是可以如此表述：“我们得到的一切善都是神的意志的结果，也是自由意志的结果，只要他认为让我们的幸福建立在我们自身或是他的其它思想之上是妥帖的。”我做出所有这些假设，就是想问：友人辩护的体系和我们的体系的区别究竟在哪里？

作为人类、作为神的思想，我将永远都是神的思想，并将在

时间这一无限序列中或喜或悲，而这取决于我对他亦即思维我的存在者的认识与爱是深还是浅，取决于我是否努力（因为斯宾诺莎必然也会允许一种努力存在于神的这一思想中），取决于我多努力地为趋近自身实存的这一根源并像爱自己一样爱他的其它思想。如果我的友人，纯化的泛神论的辩护者，因为自己的原理而不得不接受所有这一切，那么伦理与宗教就得以保全。那么，这一学派与我们体系的差别仅仅在于那些不切实际的细微之处，在于徒劳无功的考察之中，换言之，在于神让这些关于偶然之物完满联结的思想是向前照射、流溢还是向外涌现——或是我该将其比作什么影像，因为这一细微之处难以描述，除非是借助影像——他是让它的光芒向外闪耀还是仅仅在内部发光？

也就是说它仅仅只是源泉还是这源泉会喷涌向前形成溪流？如 215
果通过这些各种各样形象的表述，人们想要使自己对产生、创造以及使成为现实等诸如此类的过程有所感知的话，那么也就很难阻止歪曲或误解将比喻延伸直到僭越边界，引入歧途，至于堕入的是无神论还是狂热，这要视内心是习惯于迷狂还是枯燥的反思而定。这些体系的结论似乎大相径庭，但根本而言都只是对同一个比喻的误读，要么是将神太过形象化地转为了世界，要么是将世界太过形象化地转为了神。对真理最诚挚的爱到时候会直接指引方向返回出发的原点，并揭示出这仅仅是语词上的纠缠。抛弃语词吧，智慧的友人，拥抱你的兄弟！

第十五章　莱辛—他对理性宗教的贡献—他关于纯化的泛神论的思想

在上次晨时的课堂上，友人D着实吓了我们一跳，他离开时还责骂了我。他说，“你怎么能把我们的莱辛塑造成一个为那样一种具误导性、备受谴责的教义辩护的人？你就没有想到什么其他的人吗，让你可以把这可疑的勾当加于他的名下？”你知道，我的答复将会是，每当我意图在这种事上发表评论，首先出现在脑海中的就是莱辛。他与我进行过长时间的哲学交流；许多年来我们在这些问题上交换思想，怀着公正的对真理的爱相互沟通，不容许自以为是或阿谀奉承。于是，只要是讨论一个哲学命题，只要需要比较和权衡那些支持和反对的理由时，总会是
216 他的身影徘徊在我的眼前，有的时候纯粹是出于惯性。——“不管怎样，我都会思虑再三，”他说，“而不是随随便便就在这件事上冠上他的名字。”在这个世界上我最不愿意的就是对这位巨擘的宗教原则有一丝一毫的质疑。什么？莱辛是泛神论的捍卫者？是那个建立在极微妙的、复杂的基础之上，即便没有完全倾覆自然宗教的所有真理，至少也使其深陷疑云的泛神论的捍卫

者？还会有谁比莱辛，这位片断主义者[①]的守卫，这位创造出纳旦（Nathan）[②]的人更笃定理性宗教的真理不容亵渎？德国还未曾有过其他哲学家，以这样一种纯粹性、不掺杂任何谬误和偏见来传授理性宗教，并如此具有说服力地将之呈现给贫瘠的人类知性。他对自然宗教的拥护到了如此地步，以至于由于对之的热情，无法忍受任何一种启示的宗教与之相提并论。他相信自己有义务扑灭一切光亮，从而使所有光辉都均匀地从理性之光倾泻而出。为片断主义者辩护时，他似乎也加入了自己的倾向。当然在他早期著作中，人们已经意识到宗教和道德学说的理性真理始终神圣不可侵犯。但是自他熟悉片断主义者之后，在他的著述，在他为这位朋友或按他的说法客人辩护的所有文章里，人们都注意到这位友人特有的同样沉静的信念，注意到与一切怀疑倾向保持的同一距离，注意到健全的人类知性涉及理性宗教的真理时所走的同一坦途。——那在《智者纳旦》中呢？贺拉斯谈到荷马的伦理学说时所说的：

> 对于何为高贵，何为丑恶，何为有用，何为无用，
>
> 有人会比克里斯帕斯或克兰托尔讲述得更浅白，更出彩。
>
> （Qui, quid pulcrum, quid turpe, quid utile, quid non,
>
> Plenius ac melius Chrysippo et Crantore dicit.）

① 片断主义者指的是赫尔曼·塞缪尔·莱马鲁斯，其部分作品被莱辛以《未命题的片断》合集出版。——英译者注

② 莱辛创作了剧本《智者纳旦》，门德尔松被认为是主角的原型。——英译者注

我也想大胆地用来评论莱辛关于自然宗教的真理的杰作。
217 尤其当关乎的是神圣的神意与统治时,我还没见过任何作者能像他一样,我还没有见过哪位作者能以他那样的纯粹性、说服力与趣味性将这些伟大的真理灌注在读者的心中。

为何我会这样认为,让我诉与你听,除非你意不在此!
(Cur ita crediderim, nisi quid te detinet, audi!)

在我们能见的一切人类行为之中,我们觉察到崇高与俯就、尊严与亲密的对立,这种对立使我们相信将这两种道德属性结合在一个品格之中并非易事。因为我们对比语词派生的道德感官(Sinn)与原始的身体感官,对比高尚或崇高与俯就,甚至语言就会导致这样的对立。如果身体上的崇高倾覆了,它就不再是崇高;因此,人们会倾向于认为这二者不可能在道德问题上兼容,虽然实质上这里的情况与之相反,因为最高层次的道德崇高存在于俯就之中,无亲密性的尊严错估了自身真实的价值。我们的概念没有经过任何的凝练,因而无法分辨出道德上与身体上的区分,也无法防止自己被世俗偏见蒙蔽。据说那位伟大的帝王在与自己的孩子骑着玩具马飞奔的时候,对一位异国使节颇感诧异,当即就问:“他是否成家?”答曰已成。“有否子嗣?”——已有——“那就宣他入殿。”这位明君下达旨意,他相信只有一位父亲才能够理解尊严不会因为慈父般的俯就而丧失分毫。若非自身具有情感,这位侍从不会认识到这一真理。
218 对他而言,俯就明显代表怯懦,而慈父般的亲密则与软弱无异。

“将这两种属性合在一起思维会遇到同样的困难，而长久以来这种困难已然导致人类在宗教问题上南辕北辙。不论是神圣存在者的崇高，还是它的俯就，都会被人夸大，有时候是将神从人事的一切牵涉中剔除出去，有时候是让神纠缠于其中，以至于它也必然分有人性的脆弱。洞见神之无限性的哲学家认为人类以及其他有限存在者的命运不值得神忧虑。因此他们让自己的神完全凌驾于尘世之上，而且他们只关心整体的维持，忧虑事物的类别和种属，完全忽视个别事物的命运及其际遇，还有他们是否属于理性存在者这一等级。诗人和牧师的通俗体系则直接与之相反。他们不仅将重大的自然变迁、政治革命和事件、战争和毁灭归于他们的神，甚至还把作为客人的朱庇特[1]引见给费莱蒙和鲍西丝[2]，并且秉持着热情好客的精神，允许他对这些贫农的不幸表达同情。如果一方面，这种表达方式通过在某种程度上拉近神与人类的距离，让神见证与评判人类的行为，同时也抚慰这一生命之重，得以行之有效的话，那么另一方面这种方式也犯下了错误，将神性降低到了人的脆弱性的，并且致使人们无法充分地意识到它无限的崇高和自足性。”

“进一步说，这一通俗体系只在非比寻常的情况或不可思议的事物中看到神之手，也就是说，在这样一些特殊情况中，目的性一目了然，而且毋庸置疑，某个带有意识与意图的自由行动者会参与其中。但是在事物的普通过程中，一切似乎都按照既定

① 罗马神话众神之王，对应希腊神话中的宙斯。——中译者注

② 希腊神话中费莱蒙与鲍西丝是一对款待过宙斯的老夫妇。——中译者注

219 规则运行,这种过程却被视为自然的结果,完全与神性的参与无关。自然秩序和神的意志竟然相互对立。自然过程中的秩序与合规律性被发现得越多,给神的统治保留的空间就越少,因此对自然最初的研究者也就成了对神最初的否定者。”

“你也知道,”他继续说道,“上一个世纪的巨人们尚未完全厘清这些概念,那种认为最高因只能根据普遍法则行动的哲学偏见仍然备受青睐。特殊的东西仅是普遍之物的结果,是神统治的对象。它将自在自为地遵照或违背神的目的;要么不得不完全依循自然普遍法则为其设定的轨迹,在神的统治下被许可,要么它不得不借助一种直接的参与也就是被奇迹毁灭。”

人类智慧的最高成就,就是意识到目的体系与作用因体系之间最完美的和谐,并与莎夫茨伯里以及莱布尼茨一同看到,神的目的和神的参与,都将直接渗透到最细微的变化与个别事件中去,不论是非生命体还是生命体;看到目的的普遍法则与作用因的普遍法则,以一种完美和谐的方式起源于个别事物、事件以及终极目的的相似性;看到这里绝不存在过鸿沟,任何一个自然结果都符合神的目的,正如它源自神的全能。切莫对事件最细微处中神的统治与神意茫然不知,切莫因为这些事物
220 是自然一般过程的结果而对它们产生误解;因此与其在奇闻异事中敬畏神,不如在自然事件中敬畏神,在我看来这是对人类概念的最高升华,是思考神、神的统治与神圣的神意最崇高的方式。

我要让他明白我有多么赞同,那就引述一段拉比的话,他曾谈到过崇高与俯就的这一对立:“你在哪里看见神的宏伟与崇

高，就会在哪里看见神的俯就。”这位先师为了支持这一学说，按照犹太教习俗，写下了一段文字，尤其值得注意的是，这段文字所处的位置以及诗篇作者赋予的韵律：

> 谁像耶和华我们的神呢？
> 他坐在至高之处，
> 自己谦卑，
> 观看天上
> 地下的事。[①]

D继续说道：“现在我的朋友，在我看来，对这一学说，一方面就个别情况而言还没有哪位作者像我们不朽的莱辛这样表现出如此坚定的信念，给出如此丰富的表述，另一方面，也没有哪位作者表现出这般热忱和虔敬的激情。让我们简单回顾一下他这一戏剧化的说理诗的美妙段落，诗中他凭借说理哲人所有的洞察力，与此同时凝聚戏剧诗人所有的力量，尽可能清晰地呈现真正关于神意与统治的学说，并呈现了某种表述的荼毒，根据这种表述，人们会为了辨认神性的作用而不断追逐奇迹。这两者的融合，只可能被莱辛这样的人物做到，尽管也许对他而言也只能借助我们的母语才能实现。似乎只有我们的母语才能达到这种理性语言与生动表现兼备的教化水准。”

我说道，对我而言，似乎莱辛有意写出《反赣第德》与《智

① 《诗篇》，113：5-6。——原注

221 者纳旦》的结合。那位法国诗人凝聚起所有智慧的力量，用以激发他讽刺人格中那永不枯竭的幽默，简言之，即倾尽神意赐予他的一切非凡才华，用以嘲弄这一神意本身。而德国人这样做则恰是为了为神意辩护，并将其最纯洁的光辉置于凡人的眼前。我记得《赣第德》面世不久，我的故友曾动过撰写它的姊妹篇或续集的念头，他意图在书中通过一系列事件表明，所有那些伏尔泰以牺牲被毁谤的神意为代价搜罗的罪恶，不管怎样最终还是会被导向最完善者，会被视为合乎最明智的意旨。似乎这位法国讽刺家使这一任务变得过于艰难，在创作的过程中，他积聚的邪恶多于创作可以反过来使其变为善的东西。于是莱辛选择另辟蹊径，编写一系列剧情，使其在精神与诗性力量上媲美《赣第德》，而在主旨的优越性上，在智慧和功能上，相较于《赣第德》，则如同天国之于地狱，或神的路之于诱惑者的路。

“正是这种对神意的赞颂，”D再次说道，“正是这种向人类彰显神之道的圣洁努力，让我们这位不朽的友人付出了多么沉重的代价！哦！即便没有最终折损他的寿命，也给他最后的时日蒙上了阴霾。《片断》出版之前，他已经准备会见一大批蜂拥而至的书稿人，这些人不论专业与否，都企图否定《片断》这本书，他相信自己有足够的力气招架敌人粗暴的攻击，捍卫自己的客人。不论敌人向他宣战能够采取的，以及我们所看到的已然
222 采取的道路有多少，他仍然相信自己能够抵挡住所有那些无法通过对真理的洞见与热爱认清自身的人。最终，尽管争论进行得如火如荼，却仍然只是学术之争，不论从哪个角度来看，这只会成为一段惬意并纷扰的时光，但如他所见，不会对人生幸福起

任何作用。但是在《智者纳旦》面世之后，世道发生了多么天翻地覆的变化！曾经只出没于学生的寝室和书店的阴谋，现在也渗透到了他朋友和熟人的家里。每个人都在窃窃私语：莱辛嘲讽基督教，即使他只敢对某些基督徒，最多对**基督教界**稍有微词。我们必须承认他的《智者纳旦》从根本上说向基督教世界致以了最赤诚的敬意。一个民族要有多高水平的启蒙和教化，其中的人才能升华至这一高贵的意向，才能够培养出对神和人这般细致入微的熟稔。我觉得，至少后人将不得不予以思考，但是莱辛的同代人不会。他或他笔下的某个戏剧人物指控一些教友在信仰上自我欺骗和片面思考，每一个指控都被人们视为莱辛发出的人身攻击。这位故友受到各地的欢迎，而现在只要他出现，看见的都是阴沉的面容，冰冷戒备的眼神，散漫的接待以及仓皇的告别；他发现自己已被亲朋好友抛弃，暴露在追捕者的迫害之下。怪矣！即便是在最迷信的法国人那里，伏尔泰那本毁谤神意的《赣第德》，都没有沦落到这样悲惨的下场，也没有招致莱辛招致的敌意，莱辛通过《智者纳旦》为神意辩护时，在
最开明的德国人之中招致的敌意。而更加令人悲伤的是这些对 223
他内心造成的影响！莱辛，由于学识渊博，已然是深受爱戴的上流名士，最令人愉悦的茶桌聊友，现在却完全丧失了诙谐幽默，变成了一台毫无情绪、无精打采的机器。”——我打断了他。停下吧，朋友！别再讲述这段哀伤的回忆了！——“的确是啊，”他说，“什么也慰藉不了这段哀伤的回忆，而且它与我现在的规划毫无关系。我只是想要说一说莱辛做了什么，为理性宗教承受了什么，为所有接纳承认它的人贡献了什么。这样一个人，值

得我们太多的尊重,不应该为了捍卫一个谬误而对他进行曲解。如果你还想让这位友人加入到你的哲学讨论之中,至少赋予他一个不比他自身表现更糟的倾向。不要迫使他为他必然已经远离的错误教义辩护。”——我开口了:因此,你认为依照莱辛的倾向,他会乐于看见泛神论或斯宾诺莎主义被我掀翻,不论我是否持有恰当的理由吗?

“毫无疑问不会。”

事实远非如此,他骨子里就偏爱接受任何遭受打压的学说,不论他是否真的被吸引,而且会倾其所有聪明才智,只为了至少能替它辩护几句。最错误的推断,最荒谬的观点,只需要用浅显的理由一探便知,而你可以确定的是莱辛必将为其辩护。探索精神对他而言意味着一切。他曾说通过浅显的理由获得的真理就是偏见,且并不比绝对的错误危害更浅,甚至有时候荼毒更

224 深,因为这样一种偏见会引发探索的怠惰,摧毁研究的精神。我敢肯定如果《片断》的评论家们用浅显的理由为其辩护,莱辛一定会第一时间提出异议。

我继续说道,从你口中听到对我们友人这样的夸赞,我真是满心欢喜。哦!当大多数人都无动于衷或毫无感念的时候,看到有人的记忆还如此鲜活地留存至今,将智慧结晶牢记于心,真的是莫大的宽慰。我还要称赞你采用这位哲学家的宗教原理时所洋溢的热情。每当宗教至关重要的真理陷入争议,我都深知他的性情正直诚信,然而我并不认为,将莱辛归入泛神论的辩护行列之中,我需要乞求他的原谅。因为我了解他,尽管并未被那种谬误蛊惑,可是他还是会激情昂扬地为它挺身而出,如果人们

用以反驳他的理由不够充分的话。

在上一次演讲中我也已经表述过了，纯化的泛神论完全可以与宗教和伦理的真理共存，它们之间的分歧只存在于过度细致的思辨之中，而这种思辨不会对人类行为和幸福产生丝毫的影响。更确切地说，取代分歧的，正是那些可变为实践的一切，那些对生命甚至人类观念具有明显重要意义的一切。

在这里，请考量一下莱辛神学著作中的一段话。它将使你确信在这一点上莱辛只会这样思考。我记忆中，它确实来自一篇很不成熟的文章，其中最重要的部分他在我们相识之初就给我读过。然而至少它仍然能表明他很早以前就知道要转向这种思辨。如果我判断正确的话，他在弥留期间发表的短文就留下了这种思维方式的显明痕迹。[1] 225

这一段摘自他遗作的第十二章，标题为“理性的基督教”。我将从中为你摘取几则最重要的命题，因为这本书完全是由这些未完稿的个别命题构成。它们内容是：

§1

唯一的最完满的存在者只会永恒地专心于考察最完满者。

§2

神自身就是最完满者，因此神只能永恒地思维自身。

[1] 门德尔松在此提及的段落，摘自莱辛发表于1784年的神学作品《遗著》，莱辛辞世之前发表的小文章则是《论人类的教育》（1780年），门德尔松特指书中第73页。——英译者注

§ 3

表象，意愿，创造，对神而言是一回事。故人们可以说神也创造了他所表象的一切。

§4

神只能通过两种方式思维自身；要么同时思维他所有的完满，将自身视作这些完满的总括；要么分开思维他的完满，完满之间相互分离，并且根据程度与自身相区分。

§5

神在他所有的完满中从永恒出发思考自身，也就是说，从永恒出发，神创造出了一种不逊于他自身完满的存在者。——在接下来的命题中，莱辛试图通过精细的措辞对三位一体的秘密进行阐释，或甚至像他早年经常标榜的那样，以形而上学的方式
226 进行说明。当然他已经从这种幼稚的装腔作势中迷途知返，这种装腔作势甚至连阿塔拿修信经最坚定的信徒都无法满足。然而，人们仍然会在这里发觉它最为鲜明的痕迹。于我而言，这就证明了这篇文章创作于早期——莱辛继续论述：

§13

神分开思考他的完满，也就是说，神的每一个造物都分有神的某种完满，再一次重申，因为每一个思想对神而言亦是一个造物。

§14

所有这些存在者统称为“世界”。

§15

神以无限多的方式分开思维自身的完满；故若神没有自始至终地思维最完满的东西，因此若神没有思维这些方式中最完满的方式，并将其变为现实，无限多的世界是可能的。

§16

若是要分开思维神的完满，那么最完满的方式就是根据无限的大小程度分开地思维它们，这些程度如此次第跟随，以至于彼此之间根本不存在任何的跳跃或间隙。

143

§17

存在于这个世界的存在者因而必须根据这样的程度进行安排。它们必然形成一种序列，其中每一环节都涵盖低级部分涵盖的一切，并且包含更多的但是永远不会触及最终边界的东西。

§18

这样一种序列必然是无限的，当这样理解的时候，世界的无限便毋庸置疑。

§19

神只创造单纯的存在者,组合物只是他创造的一种结果。

§20

因为每一单纯的存在者拥有的东西并非独一无二,也无法拥有独一无二的东西,故在这些单纯的存在者之间必然存在一种和谐,基于这种和谐,发生在它们之间也就是世界之中的一切都能够得到解释。

§21

将来某位幸运的基督徒会将物理领域延伸到这一点。但是这只会发生在漫长几个世纪之后,届时所有自然现象都已经得到探究,以至于再无必要回溯到它们真正的根源。

§22

由于这些单纯的存在者可以说是受限的神,故它们的完满必然类似于神的完满,正如部分类似于整体。

§23

如下事实属于神的完满:他意识到自身的完满,且他能根据自身的完满行动。可以说这二者都是对他完满的印证。

§24

关于他完满的意识、按照完满行动的能力所具有的不同程度，必须也与他完满的不同程度结合起来。228

§25

拥有完满的存在者能够意识到自身的完满，并且具有按照完善性行动的能力，这样的存在者被称为**道德存在者**，亦即那种能遵循法则的存在者。

§26

这一法则得之于拥有完善性的存在者自身的本性，且仅仅只会是这种情况：**按照你独特的完满行动**。

§27

因为存在者的序列之间不可能出现跳跃，故那些尚未清晰意识到自身完满的存在者必然同样存在。——

我最后补充道，你发现，莱辛关于泛神论的思想完全可以凝练成我之前的陈述，同影响生命和幸福的一切处于最完美的和谐之中。你发现，他甚至要把泛神论的概念与实证宗教结合起来：实际上它契合这里，正像它契合古人的流溢说体系，宗教延用那个体系长达几个世纪，并将其奉为唯一的正统学说。从这些过于严苛的思辨转到宗教与伦理学说的实践层面，人们不得不长途跋涉，而在这条漫长之路上，存在很多合适的节点，能让

人绕开歧路，返回主干道。正如失算的一步，可以通过其它的举
措转圜修正，在同样抽象的沉思中出现的错误可以迅速通过其
它的沉思纠正，一个随后将谬以千里的差之毫厘，可以通过一个
229 非常小的转身，返回正轨。因此，是诡辩的不可一世，孕育了或
至少滋养了人类当中一切宗教的迫害和仇恨。

第十六章　对于必然性、偶然性、独立性与依存性概念的释义—基于自我认知的不完全性，尝试对神之存在进行新的证明

如果某物被证明是存在（vorhanden）的，那么它的可能性将自然随之产生。现实存在的一切也必然能够被思维。现在我们必须允许一种偶然、依存的存在者存在，因为我们自身的实存具有最高的自明性，对于我们自身之有限性的意识具有最不可否认的自明性。我们不得不进一步承认依存之物若离开某种独立的东西，将变得不可思维，因而也无法存在。通过这一切，我们发现自己被迫接受一种必然、独立的存在者的现实性，若是离开这种存在者，我们这些偶然、依存的存在者就无法存在。你们上次是不是有谁要求对这些术语进行清晰的剖析："依存""偶然"及其反面"独立"与"必然"？

W："我记得向您提过这个要求。对我而言，语词'依存'似乎摆脱不了一种譬喻，语词'必然'在这里则带有一种困境，一种它必须从中挣脱的束缚的意思。此外，在我看来您似乎

也混同了这两个习语，我便想请您帮我将它们区分开来。”

我们来看看，年轻人！如果某物A现实存在，那命题“A现
230 实存在”是不是一定等同于真理？

“当然是！”

那么，这一命题不是必然可被理性理解吗？

W：“通过理性或感官。真理必然能通过我们认知能力的积极力量而被认知。在作为灵魂的积极力量，感官并不逊于理性。”

的确如此！可我们不是已经看到理性知识和感性知识完全来自同一个根源，一切感性知识都能解析为理性知识吗？如果我们通过感官得知一个命题为真，那么这一命题的主词必然与某些不可避免地产生谓词的个别规定一同思维。感官并没有发展这些规定，也没有通过规定事实的时间或空间概念对其进行理解。但是发展这些特殊的规定，使它们彼此区分，并把以感性方式获知的命题转化为理性的命题，对理性来说必然是可能的。我们通过感官得知：“这里有一棵树！”我们也是以感性的方式认知如下的真理：“一棵树在这里现实存在。”我们对于每一个必然添加于树的概念中的规定（它扎根的土壤，生长成树的微小种子，空气，阳光，雨水，以及其它促使树现实地成为树的东西）的理解，借助的是语词“这里”，借助的是与一个空间位置的关系，而所有这些规定都汇聚于其中。当然，对于主观的理性而言，发展所有这些情况以及进一步的规定，是不可能的。但是从客观的角度来看，将它们彼此区分开并转化为清晰的概念，对理性而言完全可能。——“今晨春光明媚动人。”这一时间上的规定“今”，反过来包含了一切已过去的、促使这个晨曦春光明媚

动人的特定条件。但是如果灵魂的知识源泉是同一个的话，那 231
么客观而言，理性必然能够阐明并清晰地指出那些先行的规定，以及它们在多大程度上促就了这一晨曦的动人。简言之，任何以感性途径获知的命题必然能够自在自为地解析为一种理性的真理，这种真理的主词包含了所有个别规定，在这些规定中，现实性的谓词就被归属于它。有不清晰的地方吗？

“非常清晰！”

因此，同样地，如果命题“A现实地存在”是一个以感性途径获知的真理，那么理性思考那些归于主词A的条件，则必然是可能的，在这些条件下，现实性这一谓词为主词所有，且主谓关系变得可理解。现在，这一点将通过两条途径实现。命题成为理性真理所凭借的任何一个条件自身都包含了一种区别于A的某物的现实性，且预设了该物的实存，这棵树或这美丽的一日就是这种情况。若未预设所有那些促使树或明媚动人的晨曦产生的作用因，那么不论是自在地还是自为地，它们的现实性都将不可理解。就其现实性若不预设区别于自身的他者就无法得到理性的理解而言，这类事物被称为“依存的”。因此它们的实存不是产生于自身的可思维性，而是产生于与之相关的其它事物的现实性。就它们的现实存在并非其可思维性的结果而言，它们被称为“偶然的”。但是就它们的现实性以其它事物的实存为基础而言，人们宣称它们是“依存的”；它们的实存依赖于与它们不同的事物的实存，离开这种实存，它们的实存就不能被理性地理解。

现在我们不得不进一步承认，一切偶然之物的总括，即便

232 总体观之是无限的，仍然无法让任何现实实存以理性上满足的方式得到理解。问题只是被延缓了，而并未得到解决。正如起初时那样，我们最终还是要在主词的条件下预设其它事物的现实性，如果这些事物仅仅是依存的、偶然的，那么它们并未推动理性更进一步，而且非但没有解决命题的可理解性，反而使其更加复杂。我们因而被迫求诸于一种独立、必然的存在者的实存。作为独立的存在者，它的现实性可被思维，而无需预设一个不同于自身的事物。作为必然的存在者，单凭其可思维性就足以证明它现实存在；某个存在者是现实的，因为它可被思维，因为它是可能的，这便是命题"A现实存在"为真的第二种情况，也就是说，如果与主词不同的存在者的现实性不能归属于这一主词的条件，如果单凭可思维性就可证明它的实存。

我认为通过这种方式，偶然的、依存的、必然的以及独立的事物的典型特征就被足够清晰地阐明清楚了。就一种存在者无须为自身的现实性而预设与它不同的另一种事物的现实性而言，它被称为"独立的"；然而就其现实性产生于可思维性，就其反面，即"这样一种存在者不可能现实存在"，不论自在还是自为都是不可思维的，它被赋予了必然性，于是我们就说："神是必然的存在者。"亦即，神的实存产生于他的可思维性，而其反面或神不存在，不论自在还是自为都是不可思维的。这样一种存在者是可能的吗？只要我们跟随关于我们自身实存的明确信念，通过一系列正确的推论，得到这样一种存在者的实存，就不需要这种进一步的追问了。我们通过自身思维能力的积极力量
233 意识到的概念必然包含真理。如果偶然之物存在，那么必然之

物必然也存在，且更可思维。

我将尝试从另一条路径进行这一证明。就我所知，这条路径还未曾有哲学家涉足过。因此，留心啊，年轻人！无论什么时候我出于思维惯性，容忍一些错漏时，请提醒一下我。

除了对我自身实存（这如我们所见是毋庸置疑的）的直接感觉，我还预设以下知觉不容置疑：我并不只是那个被自己清晰认识到的东西，或换言之，我的实存并不仅仅是我对自身有意识洞见到的东西；我关于自身的认识的东西自在自为地甚至要比我能给予的深入、清晰、完整得多。在我看来，这一观察具有最无法否认的自明性。作为内感官的知觉，它具有其主观的确定性，因为涉及我自身时，我自己的“我”也是思想的主词，所以谓词“直接被认识的”也能归于我。关于那些属于我实存的东西，我并非无所不知，这不是感官的欺骗，不是错觉。因为首先我们不会把在内部认识的东西转换为外在的客体；我们无意将一种感官的特性与其它感官的特性关联起来，无意从“时常”推演出“始终”，所有这些都是感官错觉的根源（正如我们在“初步知识”中所发现的），那么这一错觉自身证明了我们并没真正地认识自身，因此在我们自身中现实存在着很多我们尚未意识到的东西。实际上如果我们的肉体和灵魂仅仅是我们清楚觉察 234
到的东西，那么它们就不能现实存在。

现在我认为不只是一切可能之物必然被某些思维的存在者视为可能的，而且一切现实之物也必然被某些思维的存在者视为现实的。没有思维存在者向自身表象为可能的东西实际上也就是不可能的，同理，没有思维存在者认为是现实的东西实际上

也无法现实地存在。

这些命题对健全的人类知性而言已然确凿可信。每一个可能的概念皆被视为主体的变化,是思维的存在者的一个思想。因此它必然至少拥有一个理想的实存,也就是说,它必然是某个思维的存在者的真实的概念,因此我们命题的前半部分就是:任何一种可能性都必须被视为一种可能性。

同样,任何一种现实性,如果为真,就必须被某个存在者认为并接受为真。概念必须与事物符合;任何客体都必然在某种主体之中得到描述,任何范式都必然在某种镜子之中遭受模仿。缺少概念的事物没有真理;真理若缺对之确信的存在者,将不带有哪怕最低程度的自明性,因而也不是真理。

如果允许这些命题成立,那么很显然可以得出,必然存在这样一种存在者,它以最清晰、纯粹以及最彻底的方式向自身表象了那些属于我实存的一切。任何有限的知识都不能包含属于我现实实存的一切。偶然的存在者的意识和清楚的洞见,乃至一切偶然存在者的意识与清晰洞见的总括,都不及太阳一粒微尘的实存。它的现实性中有无限多的特征,不论是从范围还是强度的角度来看,所有偶然存在者加在一起都不能以最清晰的方
235 式理解这些特征。总而言之,没有任何真理可以被偶然存在者以最高程度的知识视为可能,也没有任何现实性能被偶然存在者以最完满的方式视为现实。因此必然存在一个思维的存在者、一种理智,它能以完满的方式将一切可能性的总括视为可能,将一切现实性的总括视为现实,也就是以最清晰、完整且彻底的方式在自身中表象它们最大可能的进展,不论是就它们的协作关
• • •

系还是从属关系。存在一种无限的理智等。

这一推论序列如果还有什么地方在某种程度上不够清晰的话，那将会是如下这个命题：现实的一切必然要被一个思维的存在者思维。我确实发现很多人认为现实的一切只能是可思维的。但是怎么就会推导得出它必然切实地被某种存在者思维？这难道不牵涉到从可能性到现实性、从能够到发生的推论？因而人们似乎是在回避问题，抑或是暗中混入了理应最先得到证明的东西。难道不是诸如此类的事情仍旧在困扰着你们？

“正是如此。”回答异口同声。

在我看来，语词“能够”在这里因为它的多重含义，再一次将模糊性引入到概念之中。我们必须绕开这个词，若是不想落入圈套的话。——如果说某物具有某种能力，能做或能承受某事，具有对某事的能力、才智和资质，这难道不就是指我们赋予它的某种可能性吗？

“确实是！但是人们要区分较低、较高与最高的可能性。”

“相当正确！但是无论多高，哪怕就是最高，它仍然永远只是逻辑学家所谓的‘纯粹的可能性’，这种可能性中不存在任何已成为现实的东西。譬如，我们周围的空气在尚未膨胀的时候，已被赋予了伸缩性或膨胀的能力。当我坐在这里，并未站立之前，我就有站立的能力。因此，所有这些情况中，单纯的可能性
只是被确认为主词的谓词。可是单纯的可能性如何才能作为现 236
实的谓词存在呢？”

“这确实似乎难以设想。”

如果我们将某种非现实存在的东西，当作特性归于一种现

实存在的事物，如果我们将一种单纯的可能性视为现实之物的谓词，我们不是自相矛盾吗？

“毫无疑问会是这样。”

不管怎样，人类认识的一切，都充满着这些显而易见的矛盾，充满着可能性、倾向，充满着或高或低的能力，或大或小的才智、天赋等，凭借这些，现实存在的东西才能被说明，才能相互区分开来。这究竟如何发生？基于这一点，我们应该斥责整个人类知识是荒谬的吗？

“绝不应该；一种只是语词上的问题似乎已经潜伏下来，目前我们可能还没有觉察这种问题（用一个类似的、备受质疑的表述来说）的能力。”

一语中的，我的孩子！这是一个纯粹语词上的问题，我们必须将这种问题从我们的道路上清理出去，这样所有矛盾的现象才会消失。其实，所有可能之物，当它仅仅是可能的时，就不是事物的客观谓词。如果我们将一种可能性当作特性归于一个对象，那么我们就只是在说，基于这一对象当前的特性，也可以设想，在其它情况下，它如何具有那种可能归于它的属性。将延展性归于金子，将伸缩性归于空气，将行走的能力归于某个坐着的人，仅仅是想说，基于金子当前现实的特性，能够设想它在其它情况下如何现实地延展；或是能够断定空气膨胀而不会与它当
237 前的特性冲突；正如认为一个坐着的人用以行动的工具，现在用以安坐，若是被其它运动因支配，将使他站立或行走。现实存在的事物始终都是这些论断的根据，归于它的可能性是一种当前特性会随着情况不同而发生不同的变化的思想。这还不够通透

易懂吗？

“我想，没人会不同意这一点。”

因此，如果单纯的可能性并不应该同时现实地存在，那么单纯的可能性就不能作为客观特性或谓词归于事物，当然，这无疑是荒谬的。然而基于当前的条件，基于事物现实的特性，一种思想会从思维主体中产生，而在其它情况下，另一种不同的特性会附加在它身上，因此它这种不同的特性就是可思维的。这样一来，所有的可能性就在思维主体中拥有了理想的实存，而它们作为可思维的，则被这一主体归于了对象。未被思维的可能性是真正的杜撰之物。如果在一个现实事物中某种可思维的东西无法被任何思维存在者现实地思维，某种可区分的东西无法被任何人现实地区分，某种可指称的东西无法被任何思维主体指称，那么这要么是那些仅仅是可能的东西同时被视为现实存在，要么有人将几个概念彼此冲突的语词结合在了一起。

“的确如此啊！那些让我们对它们的命题心存疑问的顾虑，现在似乎已经烟消云散了。”

因此，一切现实之物必然不仅是可思维的，而且是可被任意一个存在者思维的。任何现实的实存，都在任意一个主体中对应着一个理想的存在；任何一个事物，则在任意一个主体中对应着一个表象。如若不是被认识，那将不存在任何可被认知的东西；如若不是被觉察，那将不存在任何特征，如若没有概念，那就没有对象现实存在。这点可以接受吗？

“我们怎么可能反驳？” 238

事物与概念之间存在这种一致，而且无一例外。事物的任何一种特征，任何一种与众不同的标记，正如它存在于事物中一样，必然被某个思维存在者在它的一切真理之中以最可能的清晰性、完整性以及详尽性思维。只要有一个特征被遗漏在外，有一个没有被察觉到，发展的程度就仍未充分，那些需要得到区分的就仍然未得到区分。总而言之，事物与概念之间只要存在一丝的不一致，我们就将再次陷入到荒谬之中，错把某种单纯可能之物视为现实之物的客观谓词。

“这一切都成立。”

现在没有什么比将上述这一切应用在之前备受质疑的推断上更容易的了。我自身的实存对我而言无可否认。对我而言如下这样的事实同样不可否认：那些属于我现实实存的特征与性质乃是尚未被我意识到的，即使其中那些被我意识到了的，目前也无法在我的概念里拥有那种在事物中归属于它们的完满。它们既不为真，也不纯粹、完全、详尽、充分。总而言之，在概念和事物之间，如果我只关注我自身的知识，那么最完满的协调一致将寻觅不得，而它的必然性我们方才已经证明过。再者，我无法否定如下这一事实：有限的存在者，确切地说是有限存在者的总括——不论在数量上是有限的还是无限的——都不足以通过与事物协调（harmonisch）一致的方式认识我的特性。

任何人只要在一定程度上了解了真理之间的关系，了解了一切知识不可估量的深刻性，都将承认它们中任何一点都无法
239 以最大的完满、通过最清晰的意识被认知，除非它们的整个总括都以完全相同的程度，完全相同的真实性、确定性、清晰性以及完整性被认识到。

因此必然存在唯一的思维的存在者，唯一的理智，它向自身表象的不只是我和我的一切特性、特征以及与众不同的标志，还有作为可能的一切可能性的总括，作为现实的一切现实性的总括，简言之，处于其最大可能发展之中的一切真理的总括和关联，并且它是以最清晰、最完整以及最详尽的方式表象的。存在一种无限的理智。

可是，之前已经充分说明过，不可能存在没有行动的洞见，不可能存在被许可或不被许可的知识，不可能存在没有最完满的意志的无限理智。

我们基于自我认识的缺陷，以这种方式对神之存在做出了一个新的科学证明。尽情地检验吧，检验这些观点，我的知己们！于我而言，这个证明成果丰硕而且根本。我们的推理步骤由以下几个部分构成：

一切现实之物皆在其整个完备性中现实存在。

处于任意一个思维存在者之中的概念的所有细节符合事物的完整性。

完整且详尽的概念只存在于完满的理智中，完满的理智离不开完满的意志，最高的洞见离不开最自由的选择以及力量最有效的表现。

240 第十七章 “最完满、必然与独立的存在者存在”证明的先天根据

上次演讲中所展开的必然存在者概念，很容易令一个像笛卡尔那样冒进的思考者踏上寻找这种存在者存在的先天证明的道路。如果必然存在者的现实性仅仅依赖于它的可能性，如果从必然存在者的可思维性到它的现实实存的过渡有坚实的根基，那么人类理性或许可以发现这一过渡，并为真理开辟一条珍贵的新道路。毋庸置疑的是，无需预设现实实存，甚至无需预设它自身的实存，无需任何外感官或内感官的经验性的命题，人类从定义出发，便可以胸有成竹地抵达“神存在”这一真理。

这伟大的一步，无所畏惧，前所未有。整个人类知识，不曾有过这类推理的先例。无论在什么地方推理都是从可能性到可能性，或从现实性到现实性。灵魂之外的现实实存彼此联结，灵魂之中的理想实存也是如此。事物都互相呼应，就像概念那样。如果一个概念使得另一个概念成为必然，那么一种事物也能将另一种事物作为自身的结果；因此我们通过理性在理想的存在者中发现的必然联系，同样适用于外在于我们的真实事物。但是哪里也找不到这样的先例，从**概念**直接推出**事物**，从理想实存

直接推出真实客观在场的存在者，就像这里涉及必然存在者时出现的情况。

但是就我们这种情况而言，并不会由于这种稀有性或者说是独特性而引起半分的犹疑，因为这恰恰是真理的特征所在。241
因为这一本质的实体绝不会超过一个，因为在这一唯一实体之外，不存在任何下面这样的东西，它的现实性与可思维性处于一种恰当的推理关系中，所以也只存在唯一一种此类证明适用的情况。整个人类知识领域之中，这种情况必然是唯一的，没有先例也没有样本，如果这是一条真理之路的话。

为了找到这条路，笛卡尔尝试对等置换一些概念。他用无限的存在者、最完满的存在者替换了必然存在者。很明显，必然存在者不可能有任何可变化的限制，因而必然在最高程度上具有一切完满。故在必然存在者的理念中，存在着归于存在者的一切完满属性的总括。于是，笛卡尔进一步推断，实存显然是一种完满的事物属性；因此，必然存在者的概念自身也包含实存的完满；因此，必然存在者一定也现实存在。——由此通过一个微妙的概念偷换，我们发现了连接现实领域与可能领域、从概念到事物的独特过渡。

太草率了，莱布尼茨朝着他的前辈大喊道；毫无疑问，在这个过渡中您选择跳跃，并无危险，但是理性应该学会行走，而不是跳跃。如果我们基于其它根据接受了必然存在者的实存，那么它的可能性便可自行产生。但是如果必然者的实存要从它的可能性中得出，我们就不得不最先证明这一可能性。必然的、无
限的或最完满的存在者的概念为真且并不掺杂那些彼此取消的 242

特征，必须先基于其它根据被证明。

幸亏这里的漏洞很容易得到补给，裂缝很容易抹平。如果特征彼此矛盾，那么其中一方必须取消另一方的设定，其中一方必然否定另一方对同一主体做出的论断。现在一切最高程度上的实在性都被断定属于必然存在者，而任何匮乏和局限则不然。一切肯定的谓词归之于它，一切否定的谓词则从之除去。因此这里无需顾虑任何矛盾的、彼此取消的东西。一切最高程度上的完满，也在最高程度上相容，以最完美的旋律共鸣，因而通过它们的统一，不会产生矛盾，不可思维性及至高的不一致，非真理。这一主张根据的是莱布尼茨的另一学说，即所有完满都是确定的特征，反之亦然，所有确定的谓词都是完满。现在如果所有确定的谓词或完满的统一并非不可思维，如果所有完满的总括具有实存，那么实存离不开无限者或最完满者的概念这一结论就是正确的。任何有限之物作为概念可以为真，而无需被赋予现实的实存。相反，无限者、无界限者、最完满者作为概念若不实存的话就必然不能为真。——所以，再一次地，神之存在的纯粹科学论证会立足于此，岿然不动，以其自身的自明性为根据。

完全不是这样，这类证明的反对者说道；一如往常，您还是建立在其稳固性尚未得到合理确认的基础之上。您自己随意形成一个抽象概念，将任何仅仅能够被思维的属性归于它。我们不能否定您这样做的自由，并让您持有这一概念。但是您还未
243 来得及把这个概念暗中塞入论据当中，就一把抓起实存，并宣称：为了装满这个包裹，我们必须随身携带这个属性，并将现实

实存分派给那个概念。这种处理方式难道还不是凭空捏造吗?

在我看来,确是如此。与所有这类指责相反,我相信我能为这种处理方式正名。

首先,抽象的概念并不仅仅是任意的。它们至少必然包含真理,而这一真理并不依赖于我们的任意。它们作为我们思维的存在者的变形,必然拥有一个理想的实存,必然是可思维的,这样才能被思维。现在我们补充道:一个有限的存在者可以被视为我自身的变形,而不必被赋予现实的实存。它可以具有理想的实存,而没有真正的实存。它可以是一个**单纯的概念**,而不必成为一个**事物**。相反,必然的存在者,要么不能被思维(这样即使作为我自身的变形也无法具有真理),要么我至少得认为它现实地存在。它要么同时就是概念和事物,要么两者都不是。这种存在者不可能是没有事物的单纯概念;这种存在者不能被视为我们思维能力的单纯变形。我们仍然不得不证明这一概念的可思维性,紧接着被迫认为这样一种存在者是现实存在的。理想的实存甚至作为某种真实性被赋予给了有限的存在者,除了这种理想的实存之外,真实的实存必然也可以被赋予给无限的存在者。这一过程中,我没有发现反对者声称的弄虚作假和暗度陈仓。

无限者的概念是可思维的,这一点已经在先前声援莱布尼茨的讨论中说明过了。我相信我能够以另外一种可理解的方式对同一问题进行论证。

所有的真理皆可知,当然,真理越纯粹,理智越能加以理解和把握,知识越完满,认知的存在者就越完满。 244

最纯粹的真理只能被最完满的理智理解和把握。哪里矗立着知识的顶峰,哪里就是知识无上力量之所在。只有无限的力量才能理解最彻底的纯粹的真理。

现在毫无疑问,最纯粹的真理是一个可思维的概念;因此必然也存在唯一一种能理解这个概念的理智,因此,无上的理智,思维的无限力量,不会是一个不可思维的概念。如果这一概念的特征相互取消,那么最纯粹的真理自身必然将成为一种矛盾,而这实属荒诞。

可是怎么会这样呢?最完满者的概念离开实存的完满,仍然可思维吗?一切实在性的总括没有现实实存的实在性,还能被思维吗?如果不是这样,那么我们的结论就未被动摇,那么最完满者也必然现实地存在。

“甚至在这里就存在暗箱操作,”反对者抗议道,“您假定实存为事物的一种属性,并将它纳入其一切可能的属性中,从而使其现实实存。依照您的学术定义,您将实存视为本质的补充,也可以说是事物可能性的附加品。因为我们在语言中断定实存与断定事物属性的方式是一样的,因为我们说某物是现实的,就像说一个数字为偶,形状是圆的那样,那么您便假定实存与事物的其它属性以及特征具有同样的特性,您在这一预设之上建立您的推理体系。但是这一预设自身并不能被给予您。实存不是一种单纯的属性,不是一件附加品,不是一种补充,而是对事物所有属性和特征的设定,没有这种设定,这些都仅仅只是抽象的概
245 念。”

“实存必须得到阐明,他们进一步说……”但是实存或许

得不到阐明。您知道我是有多么不情愿,用语词表达内感官的同一种知觉。对于这些语词,我们所有人几乎都有相同的表象就足够了。对我们所有人而言,由于我们寻找的是为我们所有的行为和激情共同的特征,那么也就会以类似的方式产生概念。而且由于这一特征具有这样一种普遍性,因此只有大费周章才能够对它进一步分析或分解为其各个组成部分,如果可能的话。即便如此,我们的对手一直有权利认为实存具有自身特有的标志,由此与事物的一切特征和特性区分开来;而且认为我们或许不能这样直截了当地对它予取予求,就为了在某种程度上完全涵盖最完满存在者的一切属性。

我能接受这一点。现实实存不是一种属性,相反是对事物所有属性的设定,或是某种为我们所有人熟悉的不可阐明之物。没有这一设定我也能够思维偶然之物,这就已经足够。我可以将实存与偶然之物的观念相分离,而不取消这一理念本身。它仍然是一个没有事物的概念。但是涉及必然的存在者,就不是这样的情况了。我无法将实存与必然存在者的理念相分离,而不摒弃这一理念。我必须将概念连同事物一起思维,不然就必须放弃概念本身。一切事物都基于这一重要的区分,而这一区分绝不会基于一个随意的定义;它产生于概念本身,最顽固的反对者也不能使其笼上疑云。

在早期作品[1]中我奉劝过任何对不可定义的实存仍存有疑

① Von Der Evidenz [“形而上学的根据”(1764年),参见《哲学著作》第281页]。——英译者注

246 虑的人，要绕开这个词，从非存在者开始着手，这样似乎更容易些。“非存在者”，文中这样写道，“要么不可能，要么就只是可能。前一种情况，它内在的规定必然自相矛盾，亦即，它们必然同时确认与否定同一主词的同一谓词。然而后一种情况，这些规定确实不包含任何矛盾，但是基于它们，为何同一事物存在而非不存在将无法得到理解。诸多不同的规定将能够与同一事物的本质部分留存下来，基于这一本质部分该事物才被视作可能的。这样一种事物的实存并不归于它的内在可能性，也不归于它的本质，甚至不归于它的属性，因此它仅仅只是一种偶然性，它的现实性无法被理解，除非通过另一现实性。因为偶然性是一种无法从单纯的可能性中产生或理解的规定，所以它的现实性无法通过任何方式得到阐释，除非基于另一种现实性。——这样一种实存是依存的，不是自足的。这无需进一步证明。——现在，这样一种实存无法归于最完满的存在者，原因在于它将与其本质相冲突，因为所有人都意识到独立的实存是一种比依存的实存更高的完满。因此，命题‘最完满的存在者具有偶然的实存’包含着一种显而易见的矛盾。最完满的存在者因而要么是现实的，要么包含着一种矛盾。因为之前已经证明过，它不会仅仅只是可能的，所以留予它的只有现实性或非可能性了。”

简言之，作为单纯的思想，偶然之物没有现实实存仍然可被思维；纳入非存在这一谓项，它们并不包含任何矛盾。关于同一事物的理念可以是一种单纯的思想，一个没有事物的概念，一个没有客观实存的思维的存在者的变化。你的本质并没有联结一
247 切肯定的特征，也没有在最高程度上联结任何一个。你可以有

这些思想，并从中去除实存肯定的特征。相反，必然的存在者，在最高程度上联结了所有确定的特征与特性。其中一个没有其余的一切就无法思维。因此无限者没有实存这一肯定的谓词，就包含矛盾。它要么根本无法被思维，要么只能被赋予现实实存这一谓词。只要我们将之与实存相分离，表象本身、必然存在者的理念，就是一个荒谬的思想。要么我们同时思维概念和事物，要么概念自身消失。要么我们根本无法思维必然的存在者，要么我们赋予它现实的实存。

“但是最终，”反对者继续说道，“你还不是从思想推导出现实性，从可理解与否推导出事物的本性？据说必然存在者必然现实地存在，是因为人类无法不这么思维。这不也印证了我们的短浅目光吗？有谁向我们承诺过，那种**我们必然认为现实存在的事物同样也现实地存在**？”

我回答说：如果我们一开始就硕果满怀，如果我们的对手承认人类**必定将神性视为现实存在**，那将是何其有幸。这是至关重要的一步。待到那时，人类的洞见、意向和行动的整个体系将能赢得一切，因为一个人除了通过人类的力量寻得信念，按照信念行事，还能做什么呢？但是现在，为了声援思辨哲学，我会进一步深入，就目前已经达成的共识，再补充一点：不单单是目光短浅的人类，一切思维的存在者，不论其理智力量的范围和视野如何，都必定认为必然存在者现实地存在。相反的情况则不可
思维，不仅仅对我们而言，而且是自在自为地不可思维。那些自 248
我取消与摒弃的矛盾之物不可能被任何思维的存在者思维。如果命题“A不现实存在”不可思维，因而不为真，那么不是主词

A不可思维，就是对立的命题“A现实存在”必须被承认，因而必定是真理。现在已经证明了否定命题“必然存在者不现实地存在”不可思维，因为否定谓词与主词直接矛盾。故这一命题不能被我们或任何一种思维的存在者视为真。这一命题的反面或肯定命题“必然存在者现实地存在”必须被所有思维的存在者接受。这是思维的积极力量的结果，因此是真理。现在我们完全胜券在握。因为除了证明命题“最完满的存在者现实地存在”是我们思维的积极力量的结果，因而是一种不仅仅在主观上而且在客观上都无可反驳的真理，我们还能期望什么呢？什么确保了所有思维存在者凭借自身的思维力量在同一理性命题上达成一致，什么就提供了关于其真理的最高信念。一切理性存在者能且只能以这种方式思维的东西，将为真且只能以这种方式为真。任何不满足于这一信念的人都是在寻找某种他毫无概念而且永远无法获得概念的东西，等到最后发现其努力是徒劳的时候，能做的也只是自怨自艾罢了。

让我们简明扼要地做一结论。为了通过理性获得事物的现实性，事物的真理和至高的善必须被给予。前者为认识能力的要求，后者为许可能力的要求。通过赋予事物一个理想的存在，真理使其成为一个可思维的**概念**，成为思维的存在者的变形。通过赋予它现实的实存，至高的善使其成为一个事物。**存在的一切事物都具有真理和至高的善**，反之亦然，一切具有真理和至高的善的事物也必然**现实**存在。

249 偶然之物具备思维能力所需的一切条件，它们具有真理，但无法在任何情况下都拥有至高的善。它们可以被视作单纯的思想、概念以及思维的存在者的变形，但不能像事物那样具有现实的实存。因为它们仅仅是有条件的最完善者，它们作为事物的实存依赖于这个条件。一旦情况或时空条件让一个偶然之物获得至高的善，一旦它在某地某时成为最完善者，那么它就会现实地生成，而且事物与概念符合，现实性与理想的实存符合。

然而必然的存在者，自在自为地是最完满的存在者，并不依赖于情况和条件；它不仅仅满足可思维的一切条件，而且也必然被一切思维的存在者视为现实。若它是一种没有事物的概念，一种无自身实存的变形，一种无现实性的可能，那它将完全不可思维。因为它不论在何种情况和条件之下都既是完满的，也是真实的；既是必然现实的，也是必然可能的；既必然作为事物，也必然作为思想。

在这一至高存在者的理智中，偶然之物在概念上是必然的，但作为事物则并非如此；它作为真理是独立的，但涉及它的善与完满，则依赖于时间与空间。一旦时间与空间的状况满足了，偶然之物依赖的条件变为了现实，偶然之物的实存便成为真理，并就此生成。这些状态包括，偶然之物，在那个时刻在那个地方，也为最完善者，因而不仅仅是神认知同时也是神许可的对象。无限者的知识拥有最高程度上的生命力，它的许可具备最高程度上的有效性。一旦偶然之物变成神许可的对象，它就变成了
现实。神认为什么是最完善者，什么就存在。他说，它便成为， 250
他说要有，它便有了。[①]

① 类似于神说，要有光，于是就有了光。——中译者注

因此，作为大地之子的他若敢从自身的有限性推出无限者的实存，从自身的局限性推出最完满者的实存，并不是一个狂妄自大的假设。人类不朽的精神相信自己与神性如此息息相关，以至于从自己的每一个思想中都能发现一条通往神性的路，是完全合乎情理的。尽管目光短浅，他还是被允许洞见这一伟大真理：自己既作为概念也作为事物对神性的双重依赖；作为概念，他是神认知的永恒对象，作为事物，他获得现实性就是在空间与时间的条件使他成为值得神许可的对象的时候；当他某地某时归于最完善者，自身便成为最完善者。

图书在版编目(CIP)数据

晨时或论神之存在的演讲/(德)摩西·门德尔松著;刘伟冬,李红燕译.—北京:商务印书馆,2024
(汉译世界学术名著丛书:120年纪念版:珍藏本:增订本)
ISBN 978-7-100-23652-2

Ⅰ.①晨… Ⅱ.①摩…②刘…③李… Ⅲ.①哲学—德国—近代 Ⅳ.①B516.39

中国国家版本馆CIP数据核字(2024)第076565号

汉译世界学术名著丛书
(120年纪念版·珍藏本·增订本)
晨时或论神之存在的演讲
〔德〕摩西·门德尔松 著
刘伟冬 李红燕 译

商务印书馆出版
(北京王府井大街36号 邮政编码100710)
商务印书馆发行
北京通州皇家印刷厂印刷
ISBN 978-7-100-23652-2

2024年5月第1版 开本710×1000 1/16
2024年5月北京第1次印刷 印张11¼
定价:62.00元